JN058096

認定
病児保育
スペシャリスト試験
公式テキスト
［改訂新版］

一般財団法人日本病児保育協会［著］
小坂和輝・池田奈緒子［監修］

英治出版

はじめに

この本は、病気の子どもを預かる「病児保育」に必要な知識を誰もが学べるようにと作られました。この本をもとに、2013年から実施の「認定病児保育スペシャリスト」の資格を取得して頂き、病児保育が必要な様々な職場で、学んだことをいかしてもらえたらと思います。

病児保育は体調の悪い子どもたちを癒やす、という素晴らしい仕事です。子どもたちにとってつらい思い出となりがちな「病気」が、保育を行うあなたの存在によって、素敵な思い出に変わるのです。

また、仕事と育児の両立に頑張る保護者は、病児保育を行うあなたの存在にほっと胸をなでおろすことでしょう。そして、自分の子どもを支える人たちがたくさんいてくれるという事実に頼もしい気持ちを持つことでしょう。

子どもと保護者双方に力強い支えを提供できる、この病児保育に興味を持ってくださったことに、感謝を申し上げます。

そしてこの本で学び、認定資格を取得された方が、全国で体調の悪い子どもたちを助けていくことを心より願っています。

最後に、子どもが病気の際には、親が普通に仕事を休んでその子を看病し、職場や周囲の人も快くそれを受け入れる社会もまたつくって参りましょう。

一般財団法人 日本病児保育協会

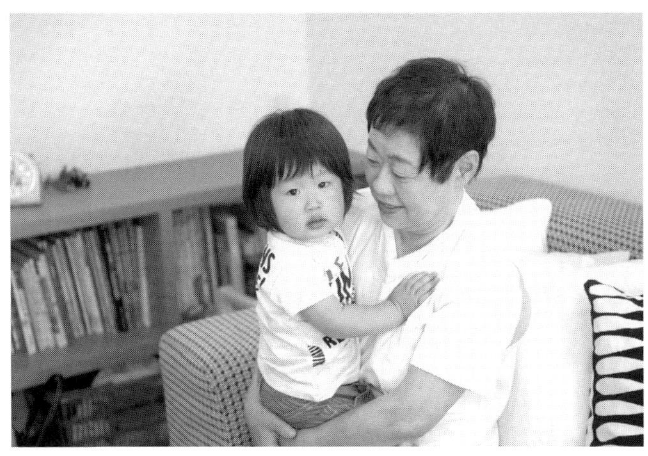

目次

内服薬

第1章 病児保育の意義

学習の目標	変化する社会の中で、求められる病児保育の意義を知りましょう。

1 30年後の日本の姿を考えてみよう

現在、子どもを取り巻く日本の社会状況を見てみると、国際的に際立った特徴があります。

次の３つのグラフを見て考えてみてください。現在の日本には、子どもと高齢者のどちらが多いと思いますか？　働いている人は男性と女性のどちらが多いでしょうか？　また、働いている人はどのくらいの年齢の人が多いと思いますか？

図1-1 国別の高齢化率の推移

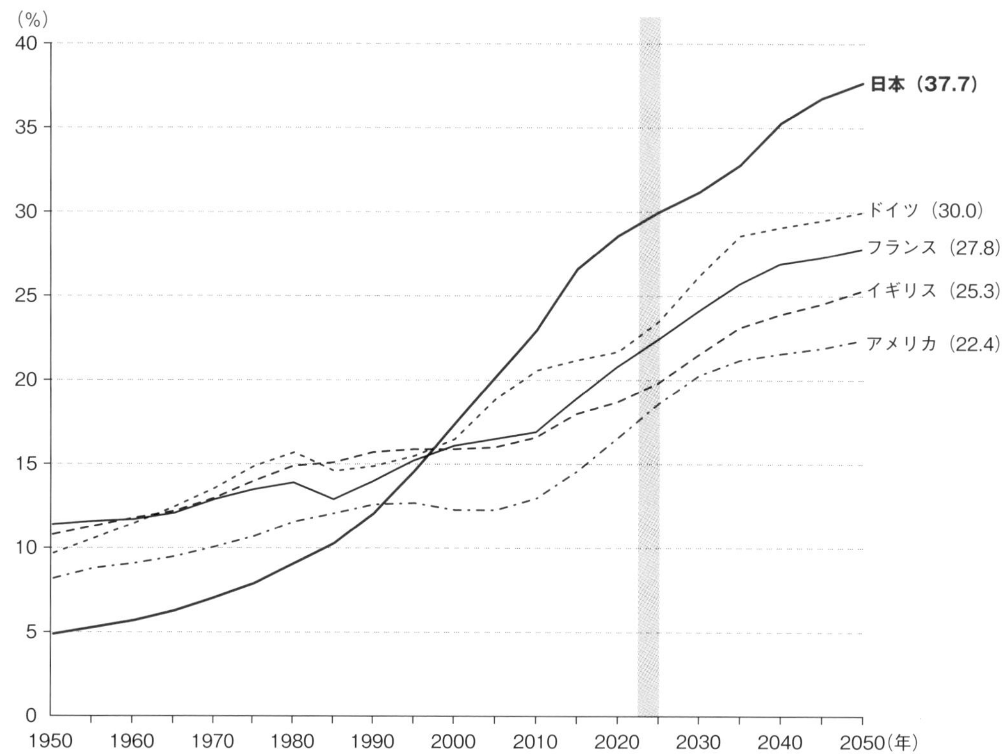

（出典）「令和4年版高齢社会白書」（内閣府、2022年）
（注）表右上の値は2050年の見込み。

日本はアメリカ・イギリス・フランス・ドイツなどの先進国の中で、「全人口に占める65歳以上の人口の割合＝**高齢化率**」が最も高くなっています（**図1-1**）。2050年には人口の約40%が高齢者となり、「全人口に占める65歳以上の割合が21%以上」という**超高齢社会**となることが予測されています。

社会全体を支える働き手である**生産年齢人口**（15歳以上65歳未満の人口層）の予測（**図1-2**）を見ると、人口減少のカーブと平行してその数が下降していくのが分かります。2050年の生産年齢人口はおおよそ現在（2024年）の7割になることが予測されています。高齢化した社会を、今よりもずっと少ない働き手で支えていかなくてはならないのです。

働く人の状況を詳しく見てみましょう。日本における女性の年齢層別労働力率（生産年齢人口に対する労働力人口の比率）のグラフ（次ページ、**図1-3**）を見ると、女性の労働力率が30～34歳のタイミングで急激に落ちることが分かります。このグラフの曲線がM字型になるため、**M字カーブ**と呼ばれます。

図1-2 日本の生産年齢人口の推移

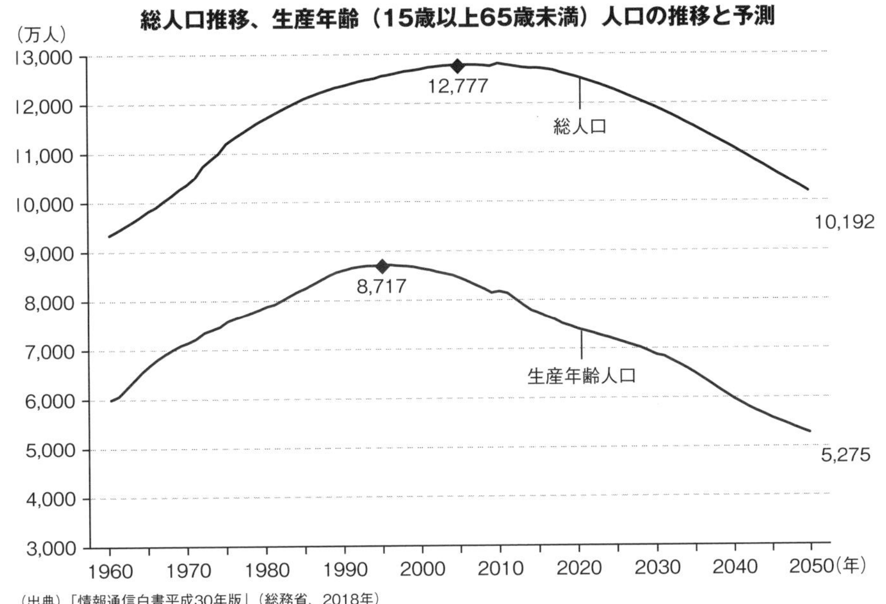

（出典）「情報通信白書平成30年版」（総務省、2018年）

図1-3　女性の年齢層別労働力率

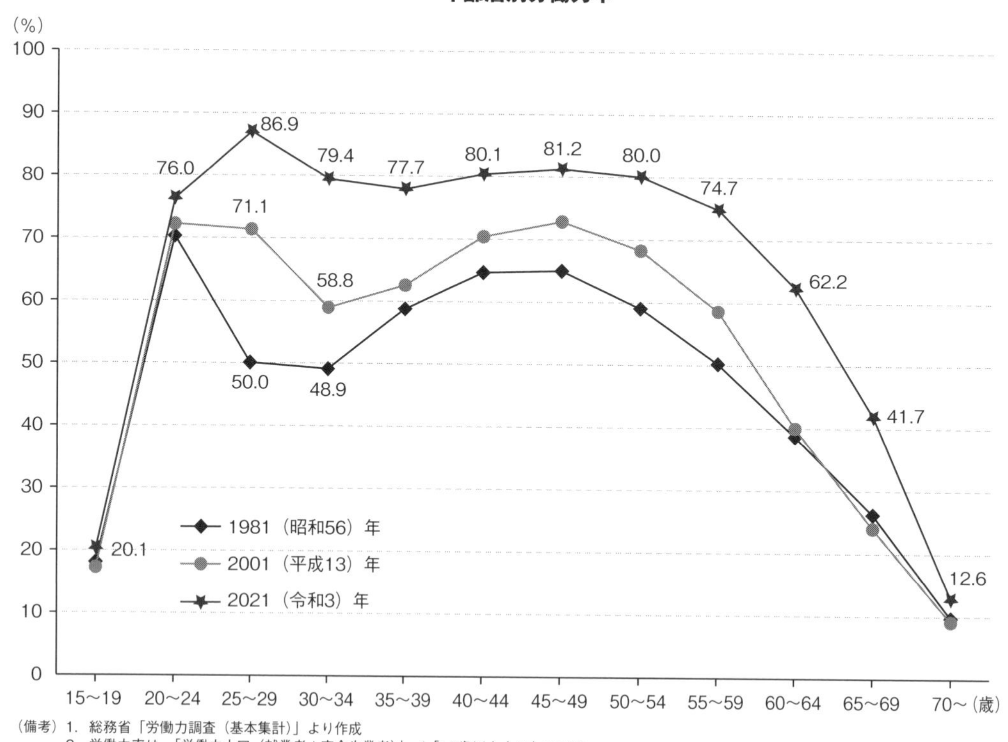

（備考）1. 総務省「労働力調査（基本集計）」より作成
2. 労働力率は、「労働力人口（就業者＋完全失業者）」／「15歳以上人口」×100

北欧では、出産後も働き続ける女性が７割にのぼります[1]。たとえば、スウェーデンの育児家庭では、保護者が夕方までに帰宅することが大半です。子どもが８歳になるまで一定期間休職する権利や労働時間を短縮できる権利、12歳になるまで年間60日の看護休暇を取得できる権利などが法律によって定められています。こうした手厚い制度によって、安心して仕事と育児を両立できるのです。

対する日本では、**育児・介護休業法**によって定められた子どもの看護休暇は、小学校就学の始期までの子一人につき年間５日（2024年１月現在）です。さらに、子どもの看護のために仕事を休むことがためらわれる雰囲気の職場も存在します。

日本の女性が結婚、出産後に働き続けられない大きな理由のひとつが、仕事と育児の両立が困難なためなのです。

1：OECD「Employment Outlook2001」

しかし、前のページで確認したように、これから高齢者が増え続けていく日本の社会においては、働き手を確保することが重要です。そのためには、女性が出産や育児を理由に仕事を辞めてしまう環境を改善することが、有効な手段のひとつだと考えられます。

2 「働く親」が困っている

育児をしながら働く女性に「仕事と育児の両立で困ることは何ですか？」と尋ねた調査では、72%の人が「子どもの突然の風邪や発熱」と答えました[2]。別の調査で「必要性を感じる育児支援制度は何ですか？」と尋ねたところ、約86%の人が「子どもの有給看護休暇」と回答しています（**図1-4**）。

図1-4 必要性を感じる育児支援制度

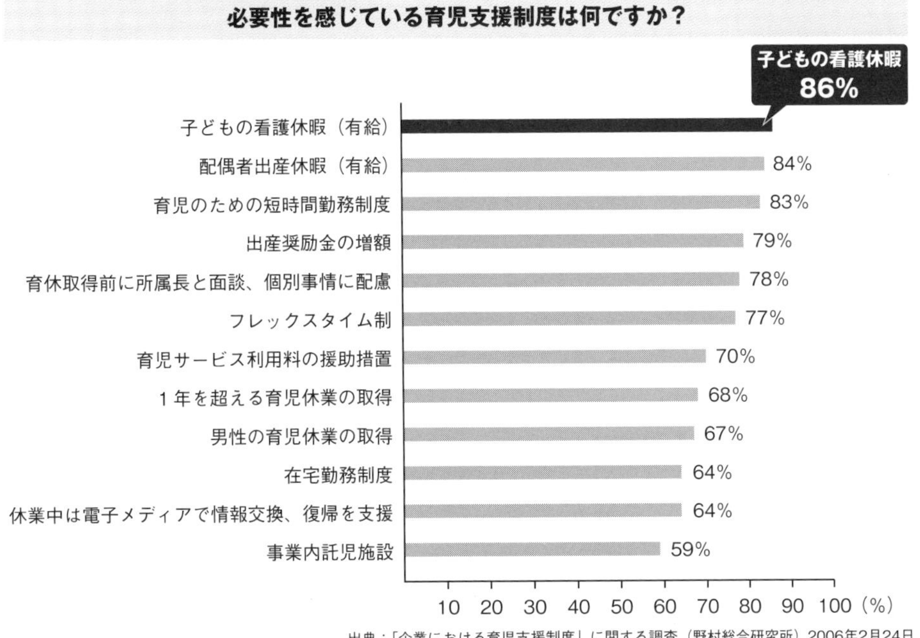

出典：「企業における育児支援制度」に関する調査（野村総合研究所）2006年2月24日

2：マクロミル「ワーキングマザーに関する調査」2002年

現状、保育所は「体温が37.5℃以上の子どもは預からない」という基準を設定している場合が多く、病気の子どもを抱えた保護者が子どもの預け先がないまま仕事を休むこともできずに途方に暮れるケースが多発しています。「仕事は休めないし、困った」と焦る人、「仕事を休んだら同僚や上司に迷惑をかける」と悩む人、そして、「仕事と育児の両立なんてとてもできない」と仕事を辞めてしまう人が出てくるのです。

そうした時、保護者に代わって病気の子どもを預かり、看護（ケア）をするのが病児保育です。これからの社会では、男性ばかりでなく、結婚や育児などのライフイベントを迎えた女性たちが働き続けることのできる環境を作っていくことが重要です。病児保育はこの環境作りのカギとなるものなのです。

3 病児保育の実態

前項で、仕事と育児を両立できる環境を作るために病児保育は欠かせないものだ、と述べました。しかし、病児保育を行う施設は日本全国で約3600施設にとどまっています（2020年現在）。保育所が約３万施設あるのと比べればその12％程度であり、病児保育をする施設はまったく足りていない、というのが現状です（**図１-５**）。

図１-５ 保育所数と病児保育施設数の比較

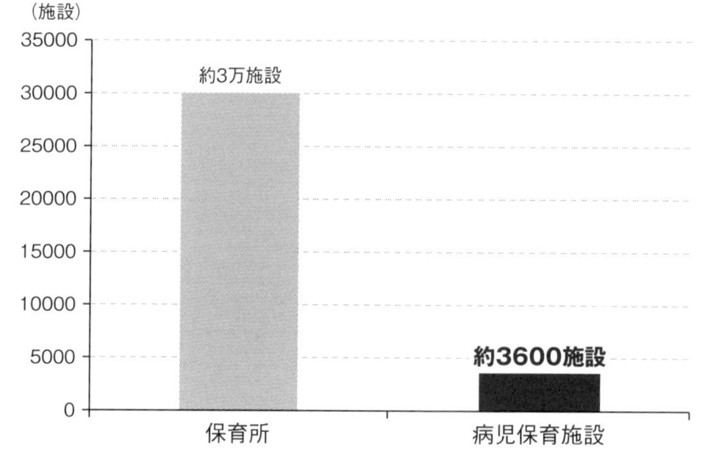

病児保育の知識やスキルを身に付ける人が増え、その人たちが病児保育事業に従事することは、保護者を助けるだけでなく、仕事と育児が両立できる環境作りに貢献し、未来の日本の状況をよりよくすることにもつながります。

4 病児保育とは

「子どもが体調不良の時、親に代わって適切に看護と保育を行うこと」。

これが一般に認知されている病児保育の定義です。保育関係者の中には「健康な子どもを預かること」が標準的な保育であり、「病気の子どもや障がいのある子どもを預かること」は特殊な保育である、という考え方を持つ人もいます。しかし、私たちは病児保育を別の見方でとらえています。

図1-6 よくある誤解

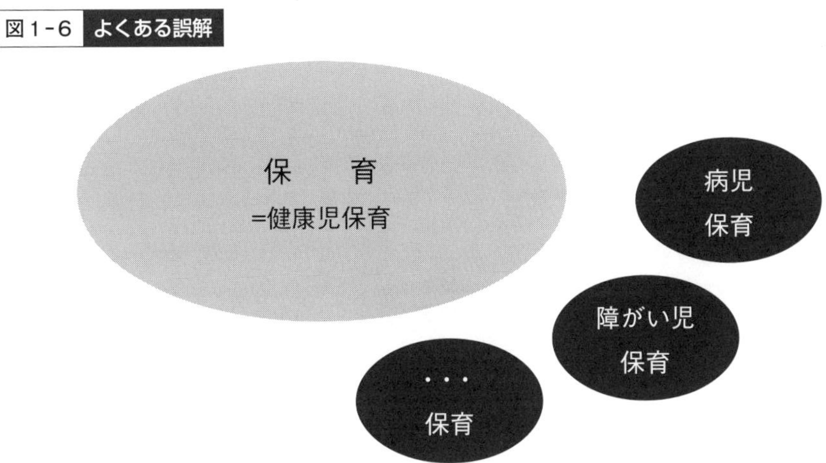

健康児以外の保育は特殊な領域？

そもそも「保育」とは何なのか、振り返って考えてみましょう。

保育とは「子どもが現在を最も良く生き、望ましい未来をつくり出す力の基礎を培う」ことを目的とします[3]。

では、保育における「子ども」とは、どのような存在なのでしょうか？　たとえば、「昨日は健康な状態でいた子どもが、今日は風邪をひいて熱を出した」とすると、

3：「保育所保育指針」第1章 総則 3保育の原理

その子は現時点においては「病児」になります。やがて熱が引いて翌週に平熱に戻れば、その子は「健康児」に戻ります。健康児と病児、その境目をいつも行ったり来たりしているのが通常の子どもの姿だと言えるでしょう。

一方、体または精神の発達に障がいのある子どもは「障がい児」と認められます。そして障がい児も、元気な「健康児」であるときもあれば、病気になって「病児」になることもあります。

このように、子どもというのは多面的な存在です。保育の定義における「子ども」は、あらゆる状況にある子どもすべてを含んでいます。保育の対象である子どもは健康児だけではありません。すべての子どもに対して、現在を生きる力を育み、未来を作っていく力を培っていくのが保育なのです。

子どもの様々な状況に対応することが、本来の保育のあり方だと言えるでしょう。つまり「保育そのものの中に、病児保育が含まれている」と考えられるのです。病児保育は保育の欠かせない一部であり、現代社会に必要とされる社会のしくみであると言えるでしょう。

図1-7 保育の中に病児保育は含まれる

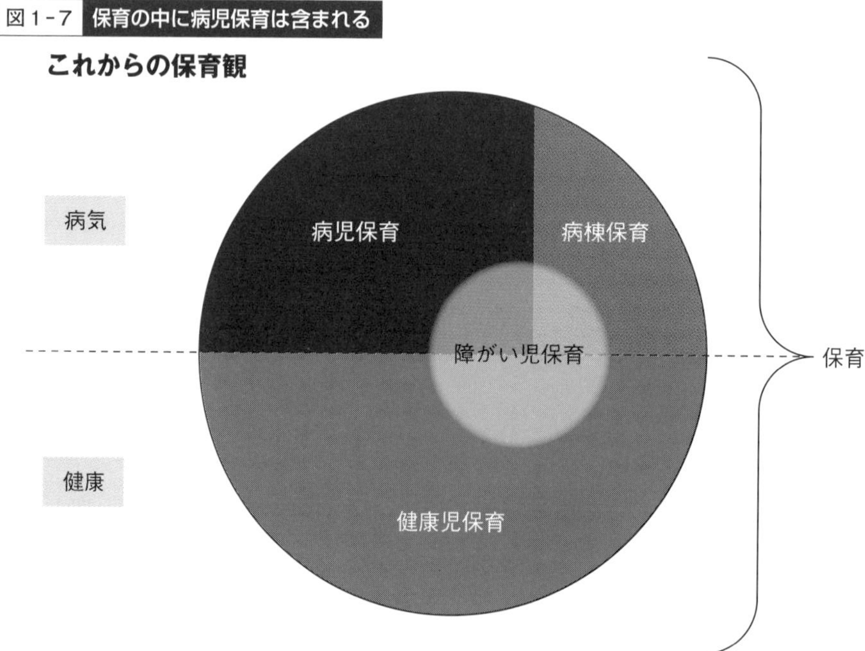

5 健康と病気は一体のもの

私たちは「健康」「不健康」という言葉を使います。しかし、前項で述べたように、一人の子どもについて「健康」「不健康」と区別するのは難しいことです。健康な時もあれば熱を出す時もあるというように、子どもは動的な存在です。「健康」「病気(不健康)」とは、状態を表す言葉であり、子どもそのものを定義づけるものではありません。ボールがくるくると回りながら坂道を上っていくように、健康と病気を交互に経験し、日々成長していくのが子どもなのです（**図1-8**参照)。

図1-8 健康と病気は一体のもの

子どもは健康と病気を交互に経験しながら成長していく

「病気は悪いこと」という見方についても、もう一度考えてみましょう。

子どもは病気になることで体の中に免疫を作っています。免疫とは体を守るしくみです。子どもは生まれてから半年のあいだは胎内にいたときに母親からもらった免疫を引き継いでいますが、半年が経過するとそれが薄らいでいきます。その後はゼロから自分の免疫を作っていかねばなりません。

人の体は、病原菌が入り込んで体に悪影響を与えることで、初めてそれが病原菌だと認識し、それに対抗するために免疫を作り出します。したがって、病気になるという経験を通して免疫が作られる、と言ってもよいでしょう。病気は悪いことではなく、人間の成長の過程なのです。

そうした意味から、病児保育を行う人は子どもの成長の過程を見守り、手助けをする伴走者に他なりません。「具合の悪いときに預けられる子どもはかわいそう」という考え方は、あてはまらないのです。

あなたが学ぼうとしている病児保育は、子どもが病気の際にもよりよく生きることを助け、成長の過程に伴走することなのです。

大きな意義のある病児保育についてこれ以後、詳しく学んでいきましょう。

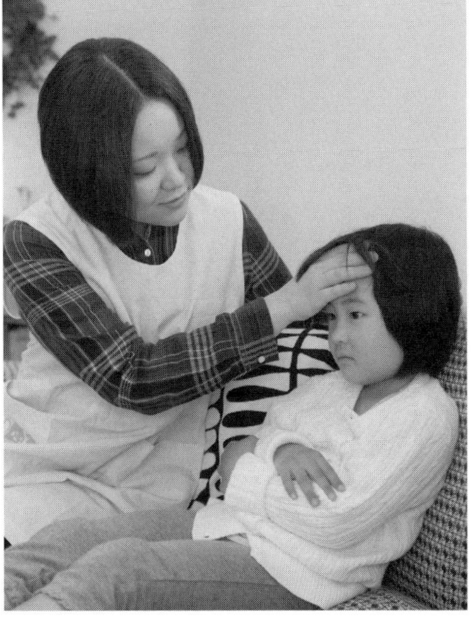

第2章 あるべき病児保育のかたち

学習の目標	病児保育の概要を知りましょう。

1 病児保育に重要な2つの軸

子どもの成長にとって、どのような病児保育が最もよいかを考える時には、2つの軸から考える必要があります。ひとつは病児保育の「質」であり、もうひとつは病児保育を利用することで助かる家庭の数、つまりは「量」です。質と量の両面から考えることで、病児保育を多面的にとらえることができます。

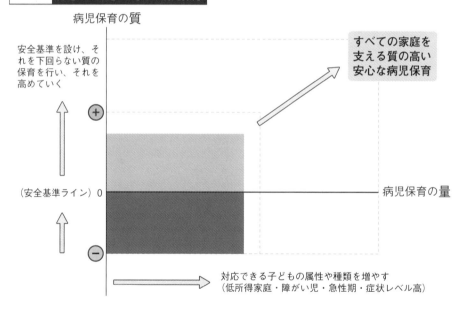

図2-1 「質」と「量」で考える病児保育

病児保育の質

安全基準を設け、それを下回らない質の保育を行い、それを高めていく

すべての家庭を支える質の高い安心な病児保育

＋

（安全基準ライン）0

病児保育の量

－

対応できる子どもの属性や種類を増やす
（低所得家庭・障がい児・急性期・症状レベル高）

2 病児保育の質的側面

(1)保育の質を高める

子どもの命を預かる保育にあって、保育の「質」が十分に確保されているかどうか

は常に考えなければなりません。当然、病児保育であってもそれは同じです。質の低い保育を行えば、最悪の場合には子どもの命を脅かす恐れがあります。ここでは安全基準を設け、それを下回らない質の保育を行うことが求められます。

(2)子どもの心理や欲求に応じた保育

病児保育の場面では、看護（ケア）にばかり目がいきがちですが、もうひとつ重要なのは、子ども自身の心理や欲求です。「病気だから、安全に安静に過ごしていればよい」という考え方は、子どもの多面性や病気は成長の過程であるという側面を見逃しています（詳しくは**第１章**で解説）。

子どもは熱が出ていても「遊びたい、楽しみたい」という欲求を持っています。映画『パッチ・アダムス』はアメリカ人医師のパッチ・アダムス氏が取り組む、道化師が入院中の子どもを訪れる活動である「ホスピタルクラウン（またはクリニクラウン）」を描いたものです。楽しい気持ちや笑いは免疫力を上げることが確認されています[3]（詳しくは**第５章**で解説）。

病気と病児保育が子どもにとって「つらい」というのは一面的な見方です。「熱が出てつらかったけれども、○○先生と遊べて楽しかった」というように、病気が肯定的な思い出になることもあります。子ども自身が病気を肯定的に受け止めて病児保育を受けることで、子どもは「自身が両親だけでなく、大勢の大人たちに愛され、守られている」という「自己肯定感」を持つようになり、その後の人格形成にもよい影響をもたらすでしょう。

病児という状態に配慮しながら、子どもの心理や欲求に応じた、工夫された遊びやコミュニケーションが求められるのが病児保育なのです。

(3)事故を防ぎ安心に過ごせる保育

質を保った病児保育を行うためには、**リスクマネジメント**（＝危機管理、詳しくは**第11章**で解説）の考え方が役立ちます。

「ひとつの重大事故の背後には29の軽微な事故があり、その背景には300の『ヒヤリ』『ハッと』する体験（ヒヤリハット）がある」と言われます。

これは**ハインリッヒの法則**といって、1929年にアメリカの損害保険会社の調査部にいたハーバート・ウィリアム・ハインリッヒが発表し、現在ではリスクマネジメン

3：Mario Bertini et al."Clowns Benefit Children Hospitalized for Respiratory Pathologies"Evidence-Based Complementary and Alternative Medicine Volume 2011（2011）
http://www.ncbi.nlm.nih.gov/pmc/articles/PMC3137769/?tool=pubmed

トの基本的な考え方として広く知られるようになりました。

図2-2 ハインリッヒの法則

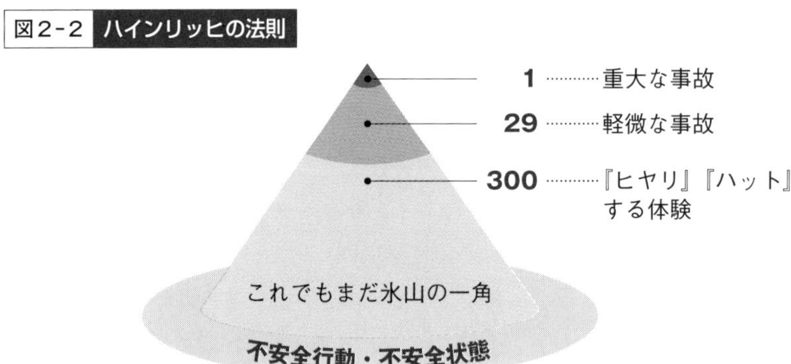

ハインリッヒの法則から、事故は「運が悪かった」「たまたま」といった理由から起こるものではなく、それ以前に何らかのシグナルがあり、それに早く気づいて対策を立てることで、未然に防げるものであることが分かります。

たとえば、「子どもが高いところにのぼってバランスを崩しそうになって『ヒヤリ』とした」「モノがたくさん置いてある机の下に赤ちゃんがいて『ハット』した」……。これらは、保育者であれば誰もが経験することでしょう。この「ヒヤリ」「ハット」をそのままにしておくと、ハインリッヒの法則に基づき、いつかは重大な事故が起こってしまいます。

保育の質を高めるためには、「ヒヤリ」「ハット」をいかして、重大事故を防ぐための意識づけと取り組みをすることが大切なのです。

3 病児保育の量的側面

病児保育の2つの軸のうち、前項では「質」の話をしました。ここでは、もうひとつの軸である「量」について考えていきましょう。

もし皆さんが「熱を出した子どもを預かることができない」レベルの保育者であれば、皆さんがどんなによい保育者であったとしても、助けられる病気の子どもと保護者の数はゼロです。ですが、もし皆さんが「熱が下がりかけ」の子どもの保育ができるようになれば、何組かの子どもと保護者を支援することができます。

さらに「今、熱を出している急性期の子ども」を保育できるようになれば、さらに多くの子どもと保護者を助けることができるでしょう。

そして、「障がいを持つ子」の病児保育もできるようになれば、助けられる家庭の数はさらに増えます。

つまり、皆さんがより質の高い病児保育技術を身に付けることで、より多くの子どもと保護者を助けることができるのです。私たちが目指すのは「すべての家庭を支える質の高い安心な病児保育」だといえるでしょう。

図2-3 私たちの目指す病児保育

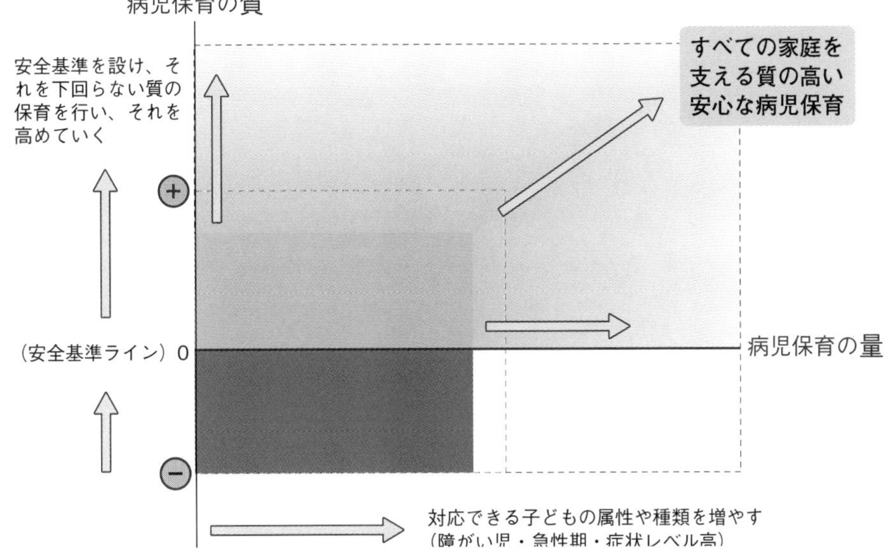

第3章 病児保育の遊び

学習の目標	遊びの意義を再認識し、病児保育に適した遊びについて理解しましょう。

❶ 子どもの遊びは心の栄養

遊びは子どもの心身の成長を促す大切な活動です。走ったり、立ったり、跳んだりして体を動かすことで運動能力が発達していきます。モノを触ったり、玩具を動かしたりすることで、指先を細かく動かすことができるようになります。

心や情緒も遊びを通して発達します。体を動かして人と関わることで楽しい気持ちが芽生えたり、思いどおりにならない悲しさを覚えたり、悔しい思いをしたりします。これによって情緒が発達していくのです。保育場面における遊びは、こうした子どもの発達を助けることにつながります。

子どもの頃、初対面の子どもと遊んでいるうちに仲良くなった、という経験を持つ人は多いことでしょう。子どもは遊びを媒介にして、自己主張したり我慢したりすることを覚え、社会性や協調性を身に付けていくのです。

遊びは言葉や創造力の発達にも深く関わっています。一人遊びから友だちや大人との遊びへと広がる中で、言葉とコミュニケーション力が身に付きます。ごっこ遊びで怪獣を想像したり、粘土遊びやお絵描きで新しいものを創り出したりするなど、創造力も遊びがあってこそ発達するのです。子どもの生活は遊びが中心であり、遊びは子どもが成長する上で欠かせない「心の栄養」だと言えるでしょう。

2 遊びの種類

⑴自由保育と設定保育

保育の現場において、**自由保育**・**設定保育**という分け方があります。

自由保育とは、子どもたちが「自分はこれで遊びたい」という自発的な欲求からはじめる遊びです。室内で好きな玩具で遊ぶ、園庭で好きな遊具で遊ぶなどの状況を指します。

設定保育とは、保育者が子どもの発達や特徴を踏まえて遊ぶ環境を用意し、その遊びへと導いていく遊びを指します。一人一人の子どもの発達を援助するためのねらいや意図のある遊びであり、歌や手遊びなどの「表現遊び」、折り紙や工作、塗り絵などの「製作遊び」などがこれにあたります。保育所のクラス単位など集団で遊ぶ場面でも多く見られます。ケンケンで「遠くまで跳べる楽しさ」を感じる、ままごと遊びで「洋服のボタンを自分でかけられた喜び」を味わう、といったように、設定保育においては、保育者の働きかけによって子どもは新たな挑戦をしながら心身を成長させていくのです。

⑵静と動の遊び

子どもたちの体の動きから、遊びを静の遊び・動の遊びに分けることもできます。

静の遊びとは、あまり体を動かさない落ち着いた遊びです。お絵描き、工作、絵本、ままごとなどのごっこ遊びなどがこれにあたり、主に室内での活動になります。

一方、**動の遊び**は体を動かす遊びが多くなります。鬼ごっこや体操、水遊びなどです。こちらは屋外での活動になることが多いでしょう。

⑶病児保育に適した遊び

熱が出ている子どもをはじめとして、病児は基本的には屋外に出て遊ぶことができません。室内に長時間いることで、子どもにとっても保育者にとっても１日を長く感じ、ストレスがたまったり、うまく気分転換を図れなかったりすることがあります。

しかし、遊びの中に「楽しい」と感じる場面があり、その気持ちが続くことで、「１日があっという間に過ぎた」「充実していた」と感じられるようになります。

つまり、病児保育に適しているのは、「自由保育を中心とした、静の遊び」だと言えます。保育者は子どもの主体的な遊びの欲求に寄り添いながら、その援助をすることになります。

図3-1 病児保育に適した遊び

	自由保育	設定保育
静の遊び	病児保育	
動の遊び	通常保育	

3 子どもの発達と遊び

病児保育においては、子どもの自発性を大切にする自由保育に重きを置きますが、病児の年齢や状況によっては、保育者が遊びを提案する設定保育の要素を取り入れることも必要になるでしょう。ここでは、子どもの発達に合わせ、病状などの個人差も考慮して一人一人に合った遊びを準備しましょう。

たとえば、おすわりやハイハイができる乳児（0～1歳）には、「いないいないばあ」やスキンシップ遊びが適しています。1歳くらいになると、絵本や紙芝居を喜ぶようになります。3歳くらいになると、ごっこ遊びにおける「お父さん」「お母さん」など、役の付いた遊びを楽しもうとするようになります。

玩具がなくても身近なものでいろいろな遊びができます。

たとえば、大判ハンカチはいろいろな遊びに使えます。年齢や状況に合った遊び方を考えてみましょう。

①折りたたんで動物を作って遊ぶ（へび、うさぎ、かたつむり、ぶたの耳など）。
②衣服のように使って遊ぶ（折りたたんでポケット、角を結んで帽子にする）。
③「いないいないばあ」のような手遊びで使う。
④ごっこ遊びに使う（手でしわを伸ばして「アイロンかけ」）。

図3-2 発達に合った病児保育の遊び

	特徴	適した遊び
おおむね 0～1歳	・おすわりができる ・ずりバイができる ・ハイハイができる ・人見知りをする ・「あーあー」「うーうー」と喃語を話す など	「いないいないばあ」 「いっぽんばしこちょこちょ」 スキンシップ
おおむね 1～2歳	・自主性が芽生える ・音楽に合わせて体を揺らす ・歩けるようになる ・動きが活発になり、ケガが多くなる ・二語文が話せるようになる など	歌 手遊び 新聞ビリビリ 絵本 紙芝居
おおむね 2～3歳	・「イヤ」が多くなる ・歩いたり、走ったりするようになる ・手や指を使って遊ぶようになる ・トイレトレーニングがはじまる ・発語が多く見られる など	ビーズ通し パズル 人形遊び ごっこ遊び 粘土遊び 手遊び 絵本 紙芝居
おおむね 3～4歳	・いろいろなものに好奇心を持つ ・「なぜ？　どうして？」という疑問を持つ ・思いやりが芽生える ・言葉や知的発達が目覚ましい など	役の付いたごっこあそび 簡単なゲーム しりとり 絵を描く 塗り絵 絵本 紙芝居 折り紙
おおむね 4～5歳	・全身のバランスが安定し、運動量が増える ・社会性が身に付く ・思いやりや優しさを表現できる など	セロハンテープやのりを使う創作遊び カードゲーム 絵を描く 絵本 紙芝居 折り紙
おおむね 5～6歳	・「よいこと・悪いこと」を理解する ・知識の吸収が速い ・自分の思いを言葉で伝えられる ・文字に対して興味を持つ ・同性と遊ぶようになる など	言葉遊び しりとり 絵本 絵を描く イメージ遊び 折り紙 ごっこ遊び 手遊び カルタ カードゲーム

いずれも興味・発達に個人差がある

❹ 病児保育で役立つ遊び

入院している子どもに治療や検査、手術などの内容を、遊びを通して分かりやすく説明し、心の準備をさせる**プレパレーション**と呼ばれる活動があります。病児保育においても、プレパレーションは薬を飲んだり、通院をしたりなどの場面で有効です。これを上手に遊びに取り入れてみましょう。

たとえば、「お昼寝をすると元気になるよ！」という内容の手づくり絵本を使って子どもが「寝よう」と思えるようにしたり、人形と注射器の玩具を使って「注射はどうやるのかな？」というごっこ遊びをしたりすることによって、子どもの不安感を和らげ、病気に立ち向かう力を引き出すことができるでしょう。

第４章

病児保育の１日

学習の目標　病児保育における施設型と訪問型の違いを知った上で、病児保育の１日の保育の流れについて理解しましょう。

1 施設型と訪問型の違い

病児保育には大きく分けて、施設で行う**施設型病児保育**と、保育者が家庭を訪ねて行う**訪問型病児保育**があります。

(1)施設型病児保育

施設型は、専門の病児保育施設で子どもを預かり、複数のスタッフがチームで病児保育に当たるものです。保育士の他、医師や看護師などの専門職がチームを組む場合が多く、こうした場合は子どもの状態が急変した場合などにすぐ対応できる安心感があります。施設内には安静室や隔離室、調理室などが備わっており、病児保育に適した環境が整っています。とはいえ、子どもにとっては慣れない場所であることには留意が必要でしょう。保護者にとっても同じく慣れない環境なので、送迎時間などの保育における約束事をしっかりと確認します。

⑵訪問型病児保育

訪問型は、保育者が利用者の自宅に出向いて病児保育を行うものです。子どもにとっては慣れた環境での保育となるので、比較的落ち着いて過ごすことができるでしょう。保護者にとっても、病気の子どもを連れて施設まで出かける必要がないので利便性が高まります。

一方で、保育の場面では、子どもと保育者が１対１の関係になります。子どもの状態が急変した時などには、保育者のすばやい判断と行動が求められます。保育者は子どもを医療機関に連れていくなど、保護者の代わりに行動する場面も多くなります。

図４－１　訪問型病児保育の流れ

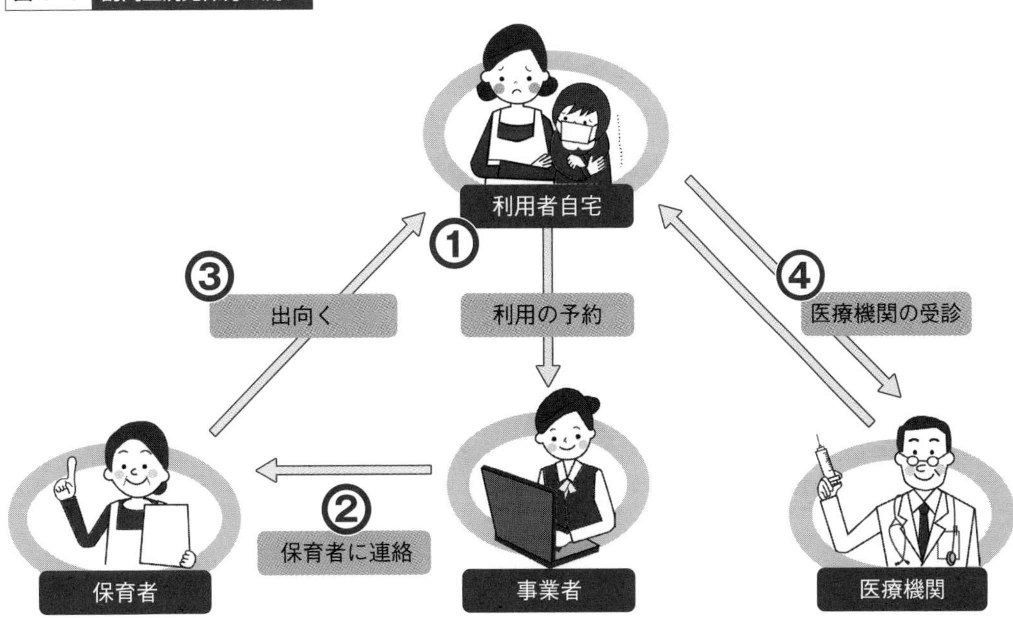

２ 病児保育における1日の流れ

病児保育の１日は、開始の引き継ぎから終了の引き継ぎまで一連の流れがあります。これは施設型でも訪問型でも共通しています。ここでは、子どもがふだん保育園で過ごすのと同じ食事や睡眠などの場面もあれば、病院へ行ったり薬を飲んだりといった病児保育に特有の場面もあります。時間の流れに沿って、１日の過ごし方を把握しておきましょう。

⑴準備

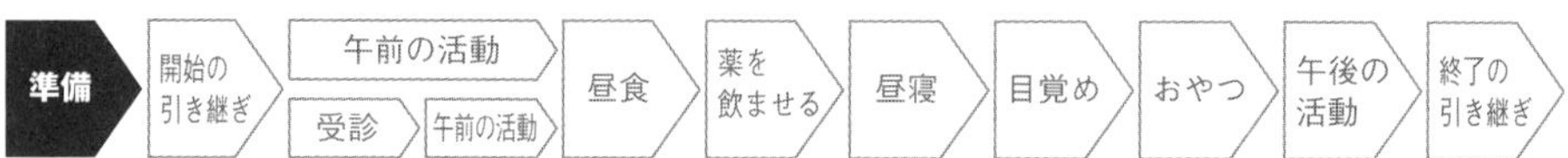

施設型においては、受け入れ人数、年齢や性別、通院状況など、当日受け入れる子どもの状況を確認します。想定される子どもの状況に合わせ、保護者に確認すべき項目は何か、保育ではどのような遊びを用意したらよいのかといった保育計画を立て、所定の用紙に記入します。

訪問型においては、子どもの情報を確認し、約束の時間までに家庭へ向かいます。身だしなみは整っているか、忘れ物がないかを確認してから出発しましょう。

⑵開始の引き継ぎ

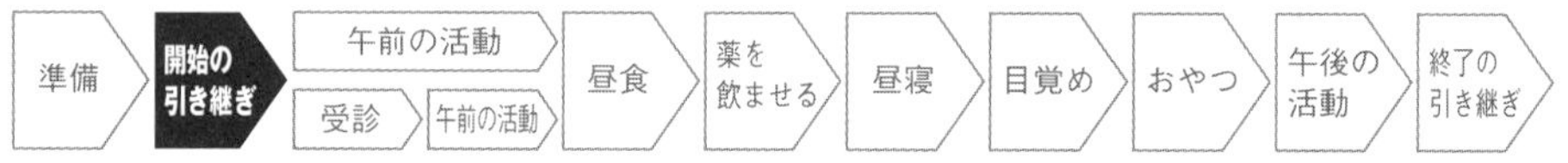

①保護者からの聞き取り

子どもや保護者の立場からすると、病児保育はふだんと異なる体調と慣れない保育者による「新しい体験」です。互いの信頼関係を構築し、安心感を与えるような引き継ぎを心がけます。

朝、保護者と子どもに対面した時には、笑顔で「おはようございます」と挨拶をしましょう。どんな仕事においても、第一印象はとても重要です。身だしなみや言葉づかいにも気を配りましょう（詳しくは**第６章**で解説）。

次に、保護者から子どもの状態を聞き取ります。症状の経過、体温、食事、睡眠、排泄の状況、薬を飲む時間や飲ませ方、食物アレルギーの有無、寝付きやすい方法などを聞いていきます。

図4-2 「引き継ぎ連絡票」の例

【家庭からの連絡票及び薬連絡票】

利用日	年　月　日（　）	お子様名（ふりがな）	
お迎えに来る方のお名前　　お子様との関係（　）		お子様の年齢　歳　ヵ月	
緊急連絡先		お迎えの時間　時　分	

1、利用初日の方へ、いつからこの症状が始まりましたか？

2、利用２日目以降の方へ。 前日の帰宅後からの様子を教えて下さい。

3、昨日から今朝にかけての症状を教えて下さい。

4、薬・食べ物のアレルギーはありますか？　なし・あり(薬品名・食品名　　)

体温	平熱　℃　前夜（　時頃）　℃　今朝（　時頃）　℃　入室時　℃	
鼻汁	多　・　少　・　無	
咳	多　・　少　・　無	
ｾﾞｺｾﾞｺ	多　・　少　・　無	
嘔吐	無　・　有　月　日　時頃　合計　回	
下痢	無・有　月　日　時頃　合計　回	便　色　や　状　態 （　）
尿	多・普通・少	飲水量　多　・　普通　・　少　・　無

本日、気になる症状、心配なことがありましたらお書き下さい。

食事内容・食欲	昨晩	解熱剤は使いましたか？ いいえ　はい	薬を飲んだ時間：朝　時　分
		解熱剤使用時の体温：　℃	保育室で飲む薬は？　朝分　昼分
		月　日　時頃	処方内容(　)
	今朝	薬名(　)	☆保護者サイン☆
		使用後の体温、様子	☆受け取り者サイン☆

睡眠	就寝時間（　時）～　起床時間（　時） ・よく眠れた　・眠りが浅かった　・ほとんど眠っていない 寝る時は　・とんとんされて寝る　・おんぶする　・抱っこされて寝る　・添い寝する　・１人で寝る

特記事項記入欄

施設型版

図4-3 「引き継ぎ連絡票」の例

家庭からの連絡票

【保育日】20　年　月　日

お子さんのお名前	男 ・ 女	年齢	歳　ヵ月

お預かり前の体温		お子さんの平熱		お子さんの体重	

・**熱**　なし/あり(ピーク時　日　:　度)　・**鼻水**　なし / あり　色 (透明 / 黄色)
・**最終便**(　日　時)　**便状**(硬 / 普通 / 軟 / 水様)
便性(普通 / 白い / すっぱい臭い / 他　)　**回数**(　回)
・**吐き気**　なし / あり
・**嘔吐**　なし / あり(　日から　回戻した)　**状況**(飲食時 / 啼泣時 / 咳込み / 他　)
・**咳**　なし / あり (多 / 少)　・**呼吸**　普通 / 違う (荒い / ぜえぜえ / ヒューヒュー / 他　)
・**飲水量**　多 / 普 / 少 / 無　・**排尿**　多 / 普 / 少 / 無
・**食欲**　有 / 普 / 無　量 (多 / 普 / 少 / 無 / 特記事項:　)
・**睡眠の状態**　良 / 悪 (睡眠時間　:　～　:　)　・**発疹**　なし / あり (箇所　)
・**今朝の与薬**(済 / 未)　※済の場合、与薬時間(　:　)
※解熱剤の使用　なし / あり (　日　:　)
・**与薬した薬品名また内容**(　)
・**保育中の与薬** (有 / 無 / 受診次第)

この病状のはじまり、経過、お子様の状態変化などをお書き下さい。

この病気について、事前に受診されている場合は、次のことについてお答え下さい。
●前日までに受診した【病名:　医院名:　/ 受診日　月　日】/ していない
●今日現在、服用している薬は　ない / ある 【　日前から】
●その薬の薬品名、内容は【 お薬手帳参照 / 別紙処方箋参照 】/ 不明
上記【】以外の場合はここに記入
例) ○○シロップ(抗生剤)　朝夕食後　△△粉薬(アレルギー抑制)　朝昼晩食後

お食事やミルクの時間、その内容に関して、ご要望・その他注意点があればお書き下さい。

保育中の緊急連絡は (母携帯 ・ 母勤務先 ・ 父携帯 ・ 父勤務先 ・ その他(　) に電話

災害の場合に備えてご記入をお願いいたします。
■本日、保護者様以外にお子様をお引渡しできる方は(　いる ・ いない　)
■いる場合　お名前(　)ご関係(　)連絡先(　)

訪問型版

訪問型の場合には、室内環境の確認も必要です。エアコンや冷暖房器具、加湿器などの使用方法、電子レンジやポットなどの操作方法、入ってよい場所などの確認を行います。事業者によっては独自の引き継ぎ連絡票（**図4-2、4-3**参照）を作成し、引き継ぎ時に利用している場合もあります。

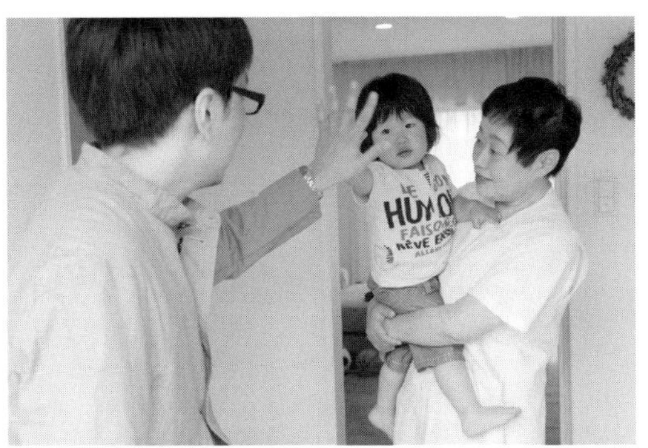

②子どもとの出会い

引き継ぎ時の子どもの状態は様々です。泣いていることもあれば、笑っていることもあります。病児保育に慣れている場合もあれば、初めてで戸惑っている場合もあります。熱が出てぐったりしていることもあれば、熱が下がりつつあって機嫌がよいこともあるでしょう。保育者は子どもをよく観察し、出会いの段階からどのような働きかけが適切なのかを判断します。

ここでは、泣いている子どもを無理に泣きやまそうとする必要はありません。明るく優しい声かけで子どもの気持ちを和らげることからスタートしましょう。

声のトーンに一工夫

保育者の話しかける声のトーンで、子どもの注意を向けさせたり、リラックスさせたりすることができます。ドレミの音程で「ラ」にあたる音は、やや高い音で、子どもが反応しやすいと言われています。引き継ぎ時に保育者に対して人見知りをしている場合は、少し高い音程である「ラ」の音を意識して話しかけてみましょう。

一方、子どもの気分を落ち着かせるのは低音にあたる「ド」「レ」「ミ」の音だと言われています。寝かしつける前には声のトーンを落とし、子どもがリラックスしながら眠りに入れるようにしましょう。

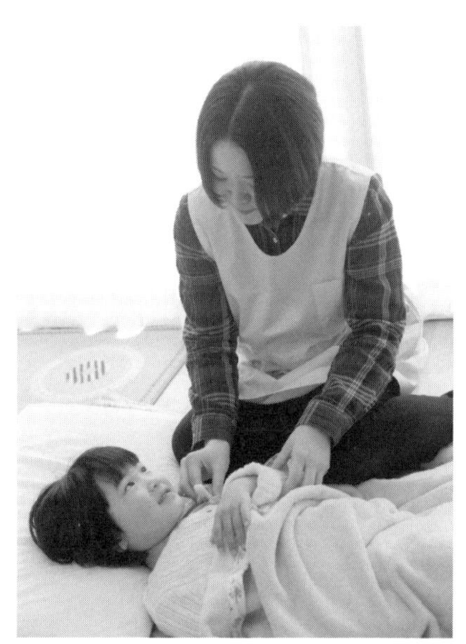

(3)受診／午前の活動

準備 ＞ 開始の引き継ぎ ＞ **午前の活動**（**受診** ＞ **午前の活動**）＞ 昼食 ＞ 薬を飲ませる ＞ 昼寝 ＞ 目覚め ＞ おやつ ＞ 午後の活動 ＞ 終了の引き継ぎ

①受診

a. 病院へ出かける前に

訪問型の病児保育では、保育者が子どもを医療機関に連れていき、受診させる場合があります。病院への移動は子どもと保育者自身の安全に配慮し、交通手段についても安全第一で考える必要があります。保護者からの引き継ぎを基に受診の準備を整えます。

子どもにミルクや食事などを与えてからすぐに動かすと嘔吐する場合があるので、出かける約30分前までに済ませるのがよいでしょう。かぶるタイプなど、受診しにくい服は避けるようにします。

【受診時の持ち物一覧】

- □ 財布
- □ ビニール袋やポリ袋（ゴミ・汚物を入れる）
- □ 保険証、医療証、お薬手帳
- □ 自分の携帯電話
- □ おむつ、お尻拭き
- □ 筆記用具
- □ 保護者からの連絡票
- □ 医師からの病状連絡票（連続した通院の場合）
- □ タオル
- □ 飲みもの（ふたが閉まるもの）
- □ 自宅のカギ

※乳児の場合はブランケットなども持参する。
※下痢や嘔吐のある場合は着替え一式を持っていく。
※お気に入りの玩具などがあると、待ち時間に気分を紛らわせることができる。

b. 受付

医療機関の受付に、保護者の代理であることを伝えます。感染症とその疑いがある場合には、他の受診者への感染を防ぐためにすぐに申し出ます。スムーズに受診するため、保護者からの連絡票、あれば医師からの病状連絡票を用意します。

c. 受診時

連絡票を基に、医師に子どもの状況を伝えます。医師からの診断結果や家庭での注意点などを聞いて書き取ります。やりとりは正確に記入するようにしましょう。また、説明を聞いている時に、注意が子どもから離れてしまうことがあります。子どもから目を離さないように気をつけましょう。

d. 受診後

薬の処方のある場合は、処方箋を持って薬局へ移動します。薬の飲み方の説明をよく聞き、補足すべき点はメモをとります。抗生物質や解熱剤など「症状に応じて飲ませるべき薬」は特に気をつけて確認します。

e. 登園（登校）

治癒証明書が必要な場合は受診時に依頼し、最後に受け取ります。

通っている保育園や学校によっては指定の書式が用意されている場合もあります。保護者に確認しましょう。

②午前の活動

子どもの気持ちを尊重し、自由保育を中心にしつつ、様子を見ながら設定保育を行ってもよいでしょう（詳しくは**第３章**で解説）。子どもが泣いていたら、抱っこをするなどして安心感を与えましょう。遊びにスムーズに入れるよう、声をかけたり、保育者も一緒に遊びます。午前に睡眠が必要な乳児は、この時間に眠ることもあります。

⑷昼食

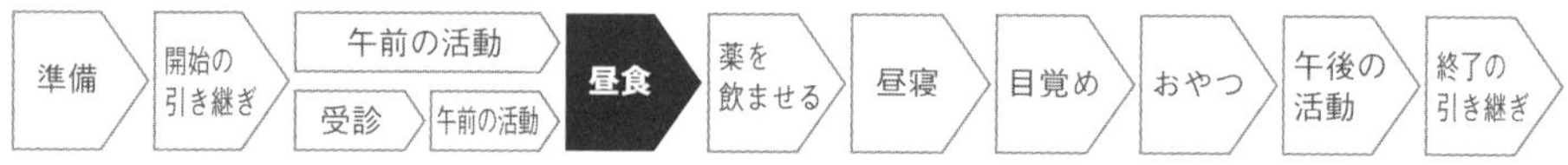

子どもの様子を見ながら年齢と体調に合わせた昼食の準備をします。乳児の場合は「お腹が空いた」と言うことができません。口に手を持っていく、ミルクを飲むように唇を吸う、泣く、などの空腹のサインがないかをよく観察します。

熱が出ている、のどが痛い、などの理由で食べられない場合もあります。「薬を飲むのだから、その前に何かお腹に入れなければ」と考えがちですが、食欲がない場合は、無理に食べさせる必要はありません。

ただし、食欲がなくても水分だけはきちんと与えるようにします。確実に水分を摂るよう、コップやほ乳ビンで飲むことを嫌がる場合には、ストローやスプーン、スポイトなどを活用してみましょう（詳しくは**第９章**で解説）。

(5)薬を飲ませる

医師から処方された薬を飲ませます（詳しくは**第９章**で解説）。

(6)昼寝

病児保育の場合、安静をとる意味でも昼寝は大切なものです。部屋を暗くして子守唄を歌う、抱っこして揺らすなど、眠りに入る環境を整えます。背中をトントンとたたく、本を読み聞かせる、お気に入りのぬいぐるみをそばに置くなど、子ども一人一人に合った方法で眠りを促します。どのようにしたら寝付きやすいかは、引き継ぎ時に保護者から確認しておきましょう。

「眠くない」と訴えてくる子どもには、安静が必要なことを伝え、眠らなくてもよいので横になって体を休めるように、と促します。

こんな時はどうする?

寝かしつけようとしたら、
「一人で眠れるからあっち行って!」と言われた。

→子どもから離れ、一人寝の静かな環境を作ってあげましょう。
ただし、目は離さないようにしましょう。

(7)目覚め

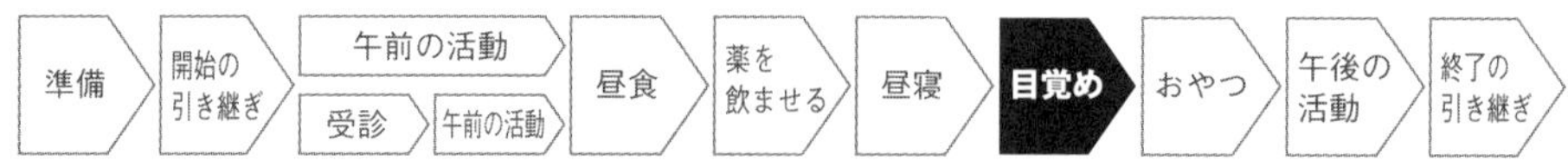

多くの場合、子どもは1時間から2時間の昼寝で自然に目覚めます。目覚めない場合には、3時間までを目安に起こすようにしましょう。「病児だから、眠れるだけ眠らせたほうがよい」というのは誤解です。水分補給のために一度は目覚めさせ、その後にさらに眠い様子が見られたら、再度横にします。

子どもは寝ているあいだに汗をかきます。病気の時は体から熱を逃がすために一層汗が出やすくなっています。目覚めた時に汗をたくさんかいて不快な場合は、温めたタオルで体を拭き、清潔な衣服に着替えさせます。よく眠れたことをほめ、次の活動を楽しみにできるよう「さっき遊んだおもちゃで遊ぼうか？」「おやつを食べようか？」などの声かけをします。

⑻おやつ

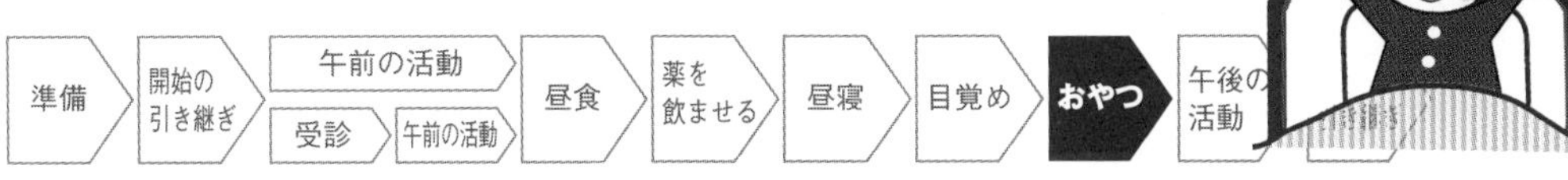

おやつの時間の最も重要な役割は水分補給です。食べものを口にしなくても、水分だけはとるように気をつけます。昼食時に食べられなかった子どもに対してはこのタイミングで食事を促します。

⑼午後の活動

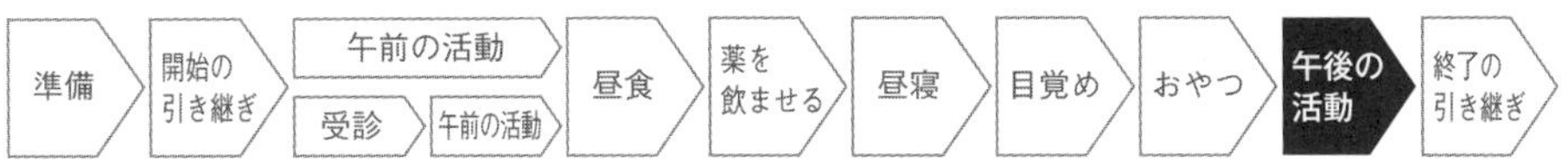

午前の活動同様に、自由保育を中心に過ごします。ただし、体調が悪そうな場合には横にして絵本を読み聞かせるなど、安静に過ごすようにします。回復期の子どもであれば自由保育だけでなく、設定保育や製作活動なども取り入れることができるでしょう。

1日のうちで最も事故が起きやすいのが、夕方の時間帯だと言われています。子どもに1日の疲れが出てくるのに加え、保育者の注意力も落ちてくるためです。気を抜かずに過ごすようにしましょう。

⑽終了の引き継ぎ

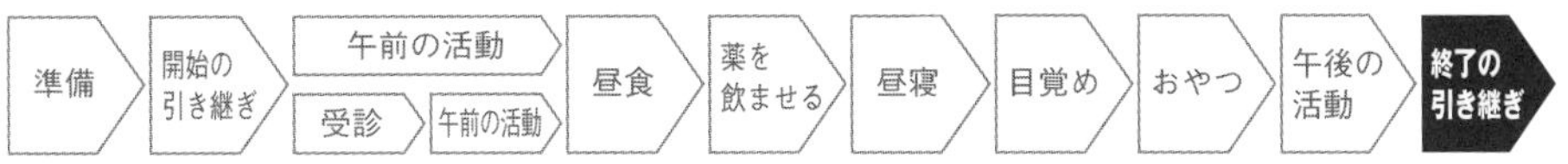

保護者が来るまでに引き継ぎの準備をします。１日の保育記録を見て、子どもの症

図4-4 保育記録の例

【保育看護記録】

2012年　　月　　日（　）

名前	ちゃん（男・女）
年齢	歳　　ヵ月
病名・症状	
利用時間	：　～　：

時間	9	12	15	17
39℃				
38℃				
37℃				
36℃				

睡眠	
排便 ●	
便性・量	
嘔吐	
鼻水	
咳	
喘鳴	
水分	（　ml）（　ml）　合計　ml
昼食	
おやつ	
薬	（　：　）　与薬者サイン

一日の様子　保育者	看護師

施設型版

図4-5 保育記録の例

病児保育記録

【記入者名】

【利用日】20　　年　　月　　日

【お子様の名前】

【利用時間】　：　～　：

交通費

【保育者分】
①往復：　　　　円
②往復：　　　　円

【受診時立替分：タクシー・医療費等】
①　　　　円　③　　　　円
②　　　　円　④　　　　円

時間	保育記録	排泄・飲食など

SIDSチェック表

8:	00	05	10	15	20	25	30	35	40	45	50	55
9:	00	05	10	15	20	25	30	35	40	45	50	55
10:	00	05	10	15	20	25	30	35	40	45	50	55
11:	00	05	10	15	20	25	30	35	40	45	50	55
12:	00	05	10	15	20	25	30	35	40	45	50	55
13:	00	05	10	15	20	25	30	35	40	45	50	55
14:	00	05	10	15	20	25	30	35	40	45	50	55
15:	00	05	10	15	20	25	30	35	40	45	50	55
16:	00	05	10	15	20	25	30	35	40	45	50	55
17:	00	05	10	15	20	25	30	35	40	45	50	55
18:	00	05	10	15	20	25	30	35	40	45	50	55
19:	00	05	10	15	20	25	30	35	40	45	50	55

特記事項　仰向け寝・うつ伏せ寝・横向き寝

時間	
体温	
39	
38	
体温	
37	
36	

特記事項・備考欄

訪問型版

状の経過、体温、食事、睡眠、排泄の状況、薬を飲んだかどうかなどの記録に漏れがないかを確認します。これらは次回の病児保育への引き継ぎだけでなく、保護者が子どもの看護や通院をする時や、あるいはふだんの保育所での保育においても重要な情報となるので、正確に記入します。

保護者への引き継ぎは、１日の様子を説明しながら行います。保育記録（前ページ、**図4-4**、**図4-5**参照）を見せながら、朝の引き継ぎで最も心配していた点（熱なのか下痢なのかなど）を最初に伝えられるようにします。症状や通院時の記録だけではなく、子どもがどのように過ごしたのかを伝えることも重要です。

病児保育の特徴は、「子どもの看護」と「成長を促す関わり」が共存していることです。子どもは病気のあいだも、遊びを楽しんだり、様々なものに興味を持ったり、食事を楽しんだりしています。このような過ごし方ができたことを保護者に伝えることで、保護者は安心して病児保育の利用を継続することができるのです。

引き継ぎを終了したら、訪問型の場合は忘れ物をしないように気をつけ、利用者宅を出ます。その後、事業者ごとの規定にしたがい、日報や報告書を書きます。ヒヤリハットなどの報告も詳細に行いましょう（詳しくは**第11章**で解説）。

１日の保育を丁寧に振り返ることが、病児保育の質を高めることにつながります。

第5章 病児保育の心理

学習の目標 病児保育において重要となる、心理に関する知識を得ましょう。

❶ 信頼関係を作る

子どもと保育者の心が通じ合い、互いに信頼して相手を受け入れている状態になると、病児保育の空間は心地よいものとなります。信頼関係を作るためには様々な方法がありますが、心理カウンセリング等の場では、この「互いの心が通じ合っている状態」を**ラポール**と呼びます。

心理カウンセラーは、初めて会う来談者（クライエント）にいきなり質問をすることはありません。クライエントが話しやすい雰囲気を作ること、本音で相談しやすい関係を作ることが最初の段階であり、このラポールができてから療法に入ることが一般的です。

病児保育においてもラポールは有効です。病気の時の数日間だけ利用する保育なので、短時間でラポールを形成することを意識しましょう。子どもと保護者の双方からの信頼を得ることで、質の高い病児保育を行うことができるでしょう。

⑴保護者と信頼関係を築く

開始の引き継ぎの場面では、つい子どもにばかり目がいきがちです。

しかし、実はこのタイミングでは、保護者と信頼関係を作ることが最も重要なのです。子どもは保護者が保育者と接する様子を見て、「この人は信頼できるかどうか」を判断しています。まずは保護者とのラポール形成を意識するとよいでしょう。

⑵子どもと信頼関係を築く

①子どもが笑う前に笑う

保護者と打ち解けることができれば、子どもとのラポール形成も早く進みます。まずは笑顔で接することを心がけましょう。笑顔は子どもの気持ちをほぐし、信頼を作る前提となります。一方、保育者の表情が乏しいと子どもの情緒は短時間で乱れる、と言われています。アメリカの児童心理学者、エドワード・トロニック博士は、「母親や保育者が赤ちゃんに対して無表情で接する」という実験を行ったところ、赤ちゃんは2分程度でパニックを起こして泣く、ということが認められました。

この結果からも、子どもとのコミュニケーションにおいて、保育者の表情がいかに重要であるかが分かります。

表情豊かな人もいればそうでない人もいるように、私たち大人は常に満面の笑顔で過ごしているわけではありません。特に男性の保育者は笑顔を作ることに慣れていない人が多いようです。

病児保育の施設には鏡を置いて、自分の顔をチェックしながら100点満点の笑顔を出せるように練習しましょう。訪問型の場合は、自宅の鏡で笑顔の練習をするとよいでしょう。利用者宅に着いたら深呼吸をして、笑顔になってから呼び鈴を鳴らしましょう。

②フック（気を引くもの）を活用する

笑顔で挨拶したあとは、子どもの興味や関心を引くきっかけを作りましょう。

a. 愛称で呼ぶ

保護者が使っている愛称で子どもに話しかけます。「たっくん」「さっちゃん」など、ふだんの呼び方を使うことで子どもは安心します。

b. 月齢・年齢に合った玩具や遊びを用意する

（詳しくは**第３章**で解説）

c. 聞き慣れた歌を歌う

d. 好きなキャラクターを使う

絵本を見たり、絵を描いたり、指人形を作ったりします。

e. 音楽を流す

訪問型では音量などの配慮が必要な場合もあります。

これらの方法を用いることで、子どもは「この人は自分のことを知っているんだ」と感じ、保育者に対して安心感を持つようになります。

❷ 笑顔を引き出す

(1)なぜ笑いは病気を癒やすのか

「病は気から」とも言われるように、人の心の状態は体に大きく影響を与えます。「笑い」は体の中のナチュラルキラー細胞を活性化させ、病気を癒やす効果がある、と言われています。ナチュラルキラー細胞とは、体内のウイルスに感染した細胞を見分けて攻撃する細胞です。笑いによってこのナチュラルキラー細胞の動きがよくなり、さらには免疫力が高まることで病気の治りが早くなる、と言われているのです。

(2)病児保育の現場にも笑顔を

「薬を与えて寝かせる」ことだけが病児保育ではありません。子どもたちがリラックスして笑顔になることは、免疫力を高め、回復する環境を整える点からも重要です。また、笑いは「病気でつらかった思い出」を「病気にはなったが、楽しかった思い出」に変えることができます。子どもが「病気は悪いことではない」という気持ちを持つことで、病児保育そのものを肯定的にとらえることができるでしょう。

映画『パッチ・アダムス』(1998年、アメリカ)

『パッチ・アダムス』／DVD税込￥1,500／ジェネオン・ユニバーサル・エンターテイメント／

ここ数年、**クリニクラウン／ホスピタルクラウン**と呼ばれる「入院している子どもたちに笑顔を届ける活動」が注目されています。この活動は、遊びやコミュニケーションを通して子どもの心のケアをするもので、アメリカの専門家の活動がロビン・ウィリアムス主演の映画『パッチ・アダムス』で紹介されたことでよく知られるようになりました。日本では「クリニクラウン（臨床道化師）」が2005年から活動を開始し、子どもの成長や発達をサポートするという視点を持ち、医療スタッフと協働し、子どもたちが思いきり笑い、主体的に遊ぶことができる環境を作っています。

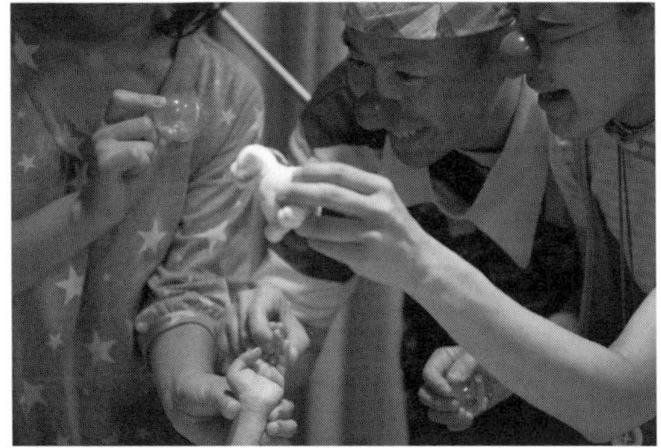

写真提供／特定非営利法人日本クリニクラウン協会

病児保育においても、笑顔が子どもの病気にもたらす効果を認識し、積極的に現場に取り入れていきましょう。子どもから笑いを引き出すためには、下記のことに注意します。

①ネガティブな言葉を使わない

「保育園に行かれなくてかわいそう」などのネガティブな言葉を使わないようにします。

②無理強いしない

笑いが大切だからといって、無理に笑わせる必要はありません。子どもの自主性を妨げない働きかけが大切です。病児保育の遊びは「自由保育を多くした静の遊び」が中心になりますから（詳しくは**第３章**で解説）、子どもが自分から楽しもうと思う気持ちを大事にします。

③保育者自身が楽しむ

子どもは保育者をよく見ています。保育者自身が子どもとの時間を楽しもうとするかどうかで子どもの気持ちも変わるのです。保育者が子どもとのふれあいを楽しみ、自然な笑顔でいることが、子どもたちの自然な笑いにつながります。

第6章 病児保育におけるコミュニケーション

学習の目標 病児保育時における保護者や保育者同士のコミュニケーションについて知り、よりよい信頼関係を作る方法を学びましょう。

1 保護者とのコミュニケーション

(1)2つのコンタクトポイント

前章までに、よい病児保育のためには、保育者が子どもと保護者双方との信頼関係を築くことが前提になることを学びました（詳しくは**第5章**で解説）。

保育者は、子どもとは1日を同じ空間で過ごしますが、保護者と会うのは保育開始と終了の2回の引き継ぎ時だけです。ここでは、より密度の高いコミュニケーションが必要になります。

最初のコンタクトポイントである開始の引き継ぎ時には、信頼の前提となる好印象を与えるとともに、この日預かる子どもの状況を正確に聞き取るようにします。

終了の引き継ぎ時には1日の保育の状況を正確に報告し、保護者の不安の解消を行います。子どもの体調が悪い時には、保護者も落ち着かない気持ちになったり、不安でつらい思いをしたりしています。1日の子どもの様子を伝えると同時に、熱を出すことも子どもの成長過程の一部である（詳しくは**第1章**で解説）ことを会話の中で伝えるようにしましょう。

(2)メラビアンの法則

「おはようございます」「こんにちは」と挨拶する声の強さや感じで、その人の印象が変わることはありませんか？

1971年、アメリカの心理学者であるアルバート・メラビアン博士はある実験をしました。「Maybe（そうかもしれない）」という言葉を、様々な声色で聞かせ、相手がどのように感じるかを調べたのです。同じ言葉を話しているのにもかかわらず、「最も説得力があった」とされたのは「力強い口調」で話した場合でした。

この**メラビアンの法則**によって、人間は話の内容以外にも声の大きさや話し方などの聴覚情報や表情·服装などの視覚情報に頼って判断をしていることが分かりました。

これを病児保育の場にあてはめると、たとえば開始の引き継ぎ時に「おはようござ

図6-1 メラビアンの法則

感情や態度について矛盾したメッセージが発せられた場合の受け止め方について、何が影響を及ぼすかについて調査したところ、話の内容などの言葉（言語）の情報が7%、口調や話の速さなどの声（聴覚）の情報が38%、見た目（視覚）の情報が55%、という割合だった。

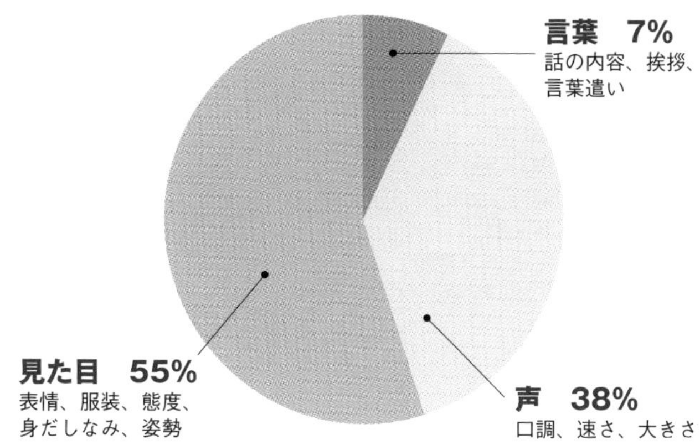

います」と言った場合にも、言った人の表情や服装によって、相手に与える印象がまったく違ってくることが予想されます。

⑶保護者に好印象を与えるポイント

保育者が保護者に対してよい印象を与えるためのポイントは次の３つ、**清潔感・ていねいな言葉遣い・正確な時間**です。

①清潔感

男性、女性ともに清潔な綿素材の服を身に着けます。女性保育者はスカートではなく、動きやすいパンツスタイルがよいでしょう。衛生面や他人のお宅に訪問するというマナー面から、素足は好ましくありません。清潔な靴下を履きましょう。

ゆとりがあり過ぎる服、フィットし過ぎる服はいずれも避け、無理なく体を動かせる服を選びます。服のボタンがしっかり付いているかも確認しましょう。保育中にボタンが外れて子どもが誤飲する恐れがあるためです。

髪の長い人は子どもの目に入らないようにまとめます。化粧は薄め、髪の毛の色は明る過ぎないことを心がけます。男性は、短髪かつ威圧感を与えない髪型、ひげは

図6-2 保育者の適切な服装

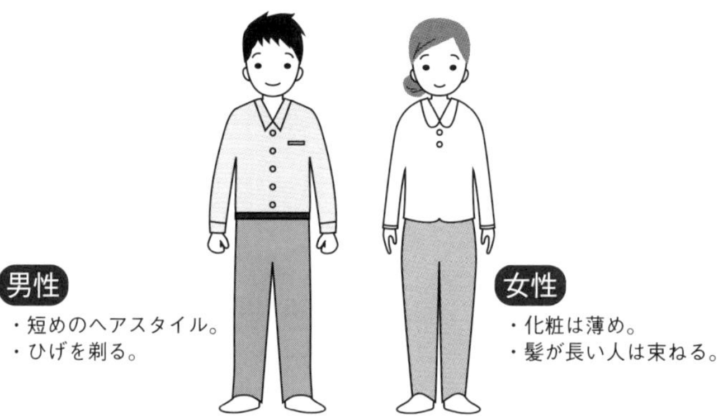
男女共通
・清潔な綿素材の洋服。
・パンツスタイルで靴下を履く。
・爪は短く切る。
・アクセサリー・香水は着けない。
男性
・短めのヘアスタイル。
・ひげを剃る。
女性
・化粧は薄め。
・髪が長い人は束ねる。

剃ってあることが望ましいでしょう。

男性・女性とも爪は短く切ります。ネックレスやイヤリング、ピアス、腕時計などのアクセサリーも保育の妨げになるので身に着けません。香水も控えましょう。

②ていねいな言葉遣い

保護者の目を見て挨拶をしましょう。「おはようございます。本日担当する○○です」と自分が誰であるかを伝えましょう。保護者への言葉遣いは敬語が基本です。「～なんですよね」などのくだけた言葉遣いは、保護者に不快感や不安感を与える恐れがあります。「信頼できる保育者」にふさわしい言葉遣いを心がけます。

③正確な時間

訪問型の病児保育では、保育者が遅刻をすれば、それはそのまま保護者も仕事に遅刻してしまうことを意味します。約束の５分前には訪問宅に着くよう、事前に訪問宅までの時間を調べ、時間に余裕を持って出発します。電車の遅延や交通事故による道路渋滞など、やむを得ない理由で時間どおりに訪問宅に行かれない場合にすぐに連絡ができるよう、保護者や事業者の連絡先を控えておきましょう。

❷ 同僚とのコミュニケーション

施設型では、保育者とそれ以外の複数の職員が共同で保育に当たります。よりよい保育のために職員同士のコミュニケーションにも意識を向けましょう。

通常、病児保育施設は４人の子どもに対して看護師１名、保育士１名がつきます。補助職員を加えて２、３名程度の職員配置となることが一般的です。看護師と保育士は異なる職業文化に属することもあって、コミュニケーションミスが起こりやすい面があるようです。また、相手の気持ちに思いをめぐらせ過ぎて「自分の言いたいことが言えない」状況になりストレスを抱え込んでしまう、といったこともあるでしょう。安心安全で良質な病児保育のためには、職員同士のコミュニケーションが良好であることが大切です。

(1)アサーティブ・コミュニケーションを使う

少人数の職場で円滑なコミュニケーションを維持する手法として**アサーティブ・コミュニケーション**があります。相手を傷つけることなく、自らの気持ちを率直に表現するコミュニケーション手法として、ビジネスの現場でも注目されているものです。

アサーティブ・コミュニケーションの背景には「誰もが自らの意見を言う権利がある」という思想が流れています。職位や地位は異なってもそれぞれがかけがえのない存在であり、自らの意見を表明する権利がある、と考えます。

アサーティブ・コミュニケーションでは、次のような手順で自分の意見を伝えることが効果的だとされています。

①「繰り返し」で理解を示す

自分が相手を理解しようとしていることを伝えるために、相手の言葉を繰り返します。

——「熱が高くなかったので、検温はいらないと思いました」と相手が言った場合には、「なるほど、検温はいらないと思ったんですね」と返します。

②事実を述べる

①で相手の話を聞く姿勢を作ったら、状況などを簡潔な言葉で伝え、相手との認識

の違いを埋めていきます。
――「じゃあ、検温をしたのは午前の１回なんですね」

③感情を分けて述べる

自分の感情であることを踏まえた表現で気持ちを伝えます。
――「午後にも測ったほうが安心できるのではないでしょうか」

④提案する

現実的かつ具体的な提案をします。誠実に率直に伝えることが大切です。
――「次回から、午後にも検温して保育記録に書くことにしませんか」

⑤効果を伝える

「助かる」「嬉しい」等、提案の効果を端的に伝えます。自分と相手の主張が違う場合を想定し、必要に応じて他の案も準備しておきます。
――「そうすれば、他のスタッフも助かります」

⑵「Ｉメッセージ」を使う

①～⑤の手順でコミュニケーションを進める上では、**Ｉ（アイ）メッセージ**を意識することで、さらによい対話になるでしょう。

「なんであなたは、○○をしないんですか！」といったように、私たちはしばしば、「相手（＝You）を主語にした話し方」をします。これは相手の領域に踏み込み、問い詰めているような印象を与えます。

ここで、文章の主語を「私（＝Ｉ）は～」に変えてみましょう。「私は、あなたが○○をしてくれると助かります」といったように表現することで、相手に圧迫感を与えずに自分の意見を伝えることができるのです。

図6-3 Ｉメッセージ

Youメッセージ
「しないで！」
「早くして！」
Ｉメッセージ
「してほしい」
「私はあなたに
急いでほしい」

さらに、職場の中でチームワークが課題となっている時、上司に対して伝えたいことがある時などは、Ｉメッセージを応用した**Weアプローチ**を用いることが効果的です。「これはあなたの担当じゃないですか！」と言うのではなく、「“私たち”の病児保育をよりよくするために、あなたにこれをお願いしたいのです」といったアプローチで、相手と自分を同じくくりに入れます。こうすることで、相手は「自分が非難されているのではない」という安心感が得られると同時に、全体的な視点を持つことができます。

図6-4 Weアプローチ「私たちが～」で言い換える

(3)代替案を出す

「それをやめてほしい」と言うだけでは、言われたほうも戸惑ってしまうことがあります。そうした時には、「こうしてみたらどうでしょう？」と**代替案を**出してみましょう。代替案をセットにすることで、相手に「この人は単に文句を言っているのではなく、具体的に問題を解決しようとしているのだ」という姿勢を見せることができます。Weアプローチと組み合わせて提案をすることで、「全体のことを考えて、この人はこう言っている」というメッセージを伝えることができます。

⑷「Yes and」を使う

話し合いの中では、自分とは違った意見も出てきます。その際、すぐに「でも」「いや、そうじゃなくて」と返事をしてしまうと、相手に「この人には受け入れてもらえない」という印象を与え、率直に意見を言える雰囲気を壊してしまいます。

その場合はまずは「いいですね」と相手の意見を受け止め、その上で自分の意見を述べるYes andで返すようにすると、相手の気分を害さず、自分の意見も言うことができます。

図6-5 「Yes and」で上手に自分の意見を言う

アサーティブ・コミュニケーションをやってみよう

ケース 1

あなたは病児保育施設に勤める保育者です。

下痢気味の５歳児に対し、「おむつをさせたい」と同僚の看護師が相談してきました。あなたは保育的な観点から５歳児におむつをさせるのはよくない、と考えています。

これをアサーティブに伝えるにはどうすればよいでしょうか？

ケース 2

あなたは、訪問型病児保育に登録する保育者です。

訪問先の保護者が、事前の連絡もなく帰宅する時刻を勝手に遅らせてしまいました。帰宅した保護者からは謝罪の言葉もありません。

事業者の本部に報告しても、「お客さんなので……」と言って、対応する気配がありません。どんな技法を使って具体的な提案ができるかを考えてみましょう。

！ 保護者の「ラベル付け」はやめよう

長く保育に関わっていく中では、様々な子どもや保護者に出会います。特に短い時間しか接することのない保育士と保護者のあいだには、コミュニケーションミスが起こりやすくなります。ごくまれにですが、保護者の中には、決められた準備をしない、一方的に保育者を非難する、始終クレームの電話をかけてくる、など保育に支障が出るくらいに極端な態度をとるような人がいます。

しかし、そうした保護者を「変わった保護者」「困った親御さん」と決めつけ、職員のあいだでラベル付けするようなことは避けましょう。単なる誤解である場合もあるでしょうし、保護者自身が心身や家族関係、経済面などで課題を抱えている場合もあるかもしれません。安易なラベルを付けず、子どもと保護者それぞれの背景に考えをめぐらせながら、保育を行っていきましょう。

3 クレーム対応

(1)クレームをいかす

好印象を心がけてラポール形成に努め、終了時の引き継ぎまで最善を尽くして保育を行っても、保護者からクレームが寄せられることがあります。

保育者は、一所懸命やった保育を否定されたと感じ、クレームを「嫌なもの」として受け止めがちです。さらには、「変わったお母さんだから」と他責的なとらえ方もしやすいものです。

しかし、それはクレームの本質を見逃していると言えるでしょう。「なぜクレームが発生したのか」という原因を考えることが大切です。クレームは、保育者の保育技術向上のための絶好の機会です。施設型・訪問型にかかわらず、スタッフ間や事業者間で話し合いの場を持ち、保護者からの指摘に対してどのような改善策がとれるのかを考えてみましょう。

(2)クレーム対応ポリシーの活用

クレームをいかし、改善策を立てるために、クレーム対応ポリシーを定める事業者も増えてきました。これは、「クレーム対策をどの会議で話し合うか」「どのような対策をとるのか」「保護者にはどのように説明をするのか」等の対応を事業者として明らかにしたものです。

事業者として一貫した対応方針を持つことで保育者は落ち着いて対応ができますし、過去の事例に学んで対応しやすくなる利点もあります。病児保育の質を保ち、よりよいサービスの提供につなげるためにも、クレーム対応ポリシーが役立つことを覚えておきましょう。

図6-6 クレーム対応ポリシーの例

病児保育室○○のクレームポリシー	
クレームの意義	クレームは業務改善の機会
クレームが起きた時の初期対応	保護者に不快にしてしまったことを詫びつつ、詳細対応は上長と相談の上で対応する旨を伝える
クレームの報告	すぐに上長もしくは施設長に報告。その後、「クレーム記録シート」に記録
どのレベルから、施設長が対応するか	子どものケガなど、直接的に子どもに危害があった場合
クレームの記録	保育士の意見や推測は書かず、事実のみ列記。対応方法についても記述する
クレームの振り返り	業務終了後、スタッフ間でミーティングを開き、短期的な対応策を話し合う。月１回の施設会議では再発防止策を話し合う

クレームには、保育の質の向上にいかせる貴重な指摘を含んだものがある一方で、まれに保育者の人格を攻撃するような極端なケースもあります。保護者が家族関係やメンタルヘルスなどに問題を抱えている場合には、虐待など子どもが望ましくない環境に置かれている恐れもあります。保育者や事業者で対応し切れないケースだと判断した場合は、その家庭がふだん通っている保育所、自治体や児童相談所などの関係諸機関と連携をとることが必要でしょう。

(3)クレーム対応の実際

実際のケースで考えてみましょう。

ケース 1

施設型の病児保育において、保育終了後、保護者から「おむつを２回しか替えてくれなかった」というクレームが寄せられました。

病児：１歳４ヵ月の女の子

a）子どもの状況

急性上気道炎、体温37.8℃、熱はそれほど高くないが、水分を摂りたがらない。

b）開始の引き継ぎでのやりとり

保育者：「○○ちゃん、お熱が少し高めなんですね。えーと、せきや鼻水などはどうですか？」

父　親：「熱以外の症状は特にありません」

保育者：「あ、そうですか。食事や睡眠についてはどうですか？」

父　親：「食欲はあります。薬を飲んでいるので眠くなると思います」

保育者：「えーと、じゃあ、眠そうな時は寝かせてもいいですか？」

父　親：「あ、はい。そうしてください」

c）終了の引き継ぎでのやりとり

母　親：「おむつを２回しか替えてないんですか？」

保育者：「えーと、水分を摂りたがらなくて、泣いて嫌がってしまったので、困ってしまって……」

母　親：「……、熱も２回しか記入がないんですけど」

保育者：「あ、元気だったので……、そんなに熱が高くなさそうでしたので、ひんぱんに測る必要はないと思いました」

このやりとりから、クレームが起こった原因と改善策を考えていきましょう。

保護者はおむつを替えた回数が２回しかなかったことを不満に思っています。「おむつを替えずに放っておいたのか」という気持ちになったのでしょう。実際には、保育者はおむつが濡れていないかどうかを何度かチェックしていました。子どもが水分を摂らなかったために排尿せず、おむつをひんぱんに替える必要がなかったのです。この場合、おむつが濡れていないかどうかをチェックしたことを保育記録に残すとよいでしょう。

保護者はおむつと同様に「検温も２回しかしていないのか」と不安を持っているようです。保育者は「熱が高くなさそうだったので必要ないと判断した」と答えていますが、ここは問題です。事業者側の検温回数のルールが保育者に周知徹底されていないか、あるいはルールそのものがないことが原因だと考えられます。いずれの場合も対策を講じ、保護者とも共有していく必要があるでしょう。

もうひとつは保育者の言葉遣いに注目しましょう。

「えーと」「（私が）困ってしまって」「元気だったので……」などの言葉遣いが保護者に頼りない印象を与えています。信頼関係を築くコミュニケーションの取り方、態度や言葉遣いなども改善する必要があるでしょう。

このようなクレームの分析をしたあとに、保護者に謝罪し、状況説明と改善策を伝えます。

ケース 2 下記のケースについて、対応を自分で考えてみましょう。

訪問型の病児保育において、保育終了後、保護者から「水分を飲ませ過ぎで便がゆるくなった」とのクレームが寄せられました。

病児：１歳９ヵ月の女の子

子どもの状況

- 体温：39.2℃
- 飲水量：麦茶300cc、りんごジュース300cc
- 保育記録：「600ccを持参したスポイトで飲ませた」と記録

第7章

感染予防

学習の目標　感染のメカニズムを知り、予防方法を理解しましょう。

1 感染予防の知識がなぜ必要か

感染症は、人の体の中で病原体が増殖することによって起こります。病児保育においては、施設における集団感染や保育者自身の感染を防がなくてはなりません。また、保育者が感染の媒介となることを避けるためにも、**感染予防**について知っておくことが必要です。

たとえば、ロタウイルス感染症にかかっている子どもの便にはロタウイルスが含まれているため、保育においてそうした便の処理をする際には手袋を使います。子どもが触れた玩具や衣類・タオルなどは殺菌し、保育者が調理をする場合には事前にしっかりと手洗いをする、といった注意も必要です。保育者がロタウイルスをつけたまま別の場所に移動し、そこで触れたものから別の人が感染する危険もあります。

手洗いや消毒などの感染予防は必要とされる根拠があります。「ルールだから」とそのまま受け入れるのではなく、どのような根拠に基づいているのかを知ることで、様々な状況に対応し、かつ子どもや保護者にも正確な知識を伝えることができます。

2 感染の3要素

冬場にインフルエンザになったことがある人は多いでしょう。家族や学校の友人が同時期に感染してしまう、ということも多いですが、その一方で、感染しなかった人もいるはずです。感染する人としない人がいるのはなぜでしょう。

感染は**病原体**・**感染経路**・**個体の条件**の3つが揃うと起こります。

インフルエンザの場合、インフルエンザウイルスという「病原体」があり、それが体内に入る「感染経路」があり、それに反応する「個体」という3要素が揃って初めて発症する、というわけです。つまり、感染を予防するためには、この3要素が揃わないようにすればよいのです。

3要素が揃わないようにするには、それぞれに対策が必要です。詳しく見ていきましょう。

図7-1 感染の3要素

3 感染予防

(1)病原体

①病原体とは何か

病原体とは、ウイルスや細菌等の病原微生物を指します。ウイルスと細菌は大きさや構造が異なります。ウイルスは細菌に比べて非常に小さく、アミノ酸と核酸からできています。感染予防のひとつは、このウイルスや細菌に働きかけたり、取り除いたりすることです。

図7-2 ウイルスと細菌の違い

	ウイルス	細菌
構造	アミノ酸と核酸	細胞
大きさ	50～100nm程度（ナノメートル）	1μm～5μm（マイクロメートル） ウイルスの10～200倍
病気	一過性が多いが、慢性となるものもある	持続的に悪化する
増殖する時	ヒトや動物などの細胞の中で増える	自ら増殖することが可能
抗生物質	効果なし	効果あり

名古屋市医師会のサイトより抜粋、一部改変

第1章 第2章 第3章 第4章 第5章 第6章 感染予防 第7章 第8章 第9章 第10章 第11章

②病原体への対策

a. 抗生物質等

抗生物質を用いることで、細菌の増殖を止めたり、細菌そのものを殺したりすることができます。抗生物質は医師の処方により決められた量・期間で服用します。ウイルスに対しては抗ウイルス剤、真菌には抗真菌剤等があります。

b. 隔離

感染源となる恐れのある人やものを、他から切り離した環境に置くことで病原体を遠ざけることが**隔離**です。感染した子どもの嘔吐物等はすぐにペットシートで覆う、おむつはすぐにビニール袋に入れて口をしばる、など感染源を拡散させないようにします。

c. 消毒

熱や薬品によって病原体を死滅させる方法が**消毒**です。ほ乳ビンやまな板などの消毒がこれにあたります。熱による消毒は温湯・熱湯、蒸気などを用います。薬品による消毒は**アルコール**や**次亜塩素酸ナトリウム**などを使います。ただし、これらは病原体の種類により使い分けが必要です。ロタウイルスやノロウイルスの消毒には、アルコールでは効果が薄いため、次亜塩素酸ナトリウムを使います。

d. 洗浄

タオルやシーツ、エプロンなどについた汚れを落として病原体を取り除きます。食べこぼしなどがついたタオルは先に洗浄することで有機物を取り除き、その後に消毒します。

⑵感染経路

①感染経路とは何か

感染経路とは、病原体が人体に入り込む方法を指します。人と人とが直接接触して感染する場合もあれば、何かを介して感染することもあります。

a. 飛沫感染

感染している人が咳やくしゃみをした際に、口から飛ぶ病原体がたくさん含まれた小さな水滴（飛沫）を近くにいる人が吸い込むことで感染します。飛沫が飛び散る範囲は１～２メートルです。これを**飛沫感染**といいます。インフルエンザ、百日咳、風しん（三日ばしか）、新型コロナウイルス感染症などは飛沫感染で広がります。

b. 空気感染

感染している人が咳やくしゃみをした際に、口から飛ぶ飛沫が乾燥し、その核となっている病原体が感染性を保ったまま、空気の流れによって拡散し、近くの人だけでなく、遠くにいる人もそれを吸い込むことで感染します。これを**空気感染**といいます。麻しん（はしか）、水痘（水ぼうそう）などはこの空気感染で広がります。

c. 経口感染

病原体や病原体を含んだ水や食べものを摂取し、病原体が体の中に入り込むことで感染します。これを**経口感染**といいます。腸管出血性大腸菌、ノロウイルス、カンピロバクターなどは経口感染で広がります。カンピロバクターはスーパーで売られている鶏肉の４割に菌が存在するとされており、食中毒予防のために必ず加熱して調理します。

d. 接触感染

体液や血液など、病原体を含む感染源に触れて、その汚染された手で粘膜（目、鼻、口など）に触ることで感染します。握手や抱っこでも起こります。これを**接触感染**といいます。感染している人が触れたものに他の人が触れることで病原体が体の中に入り込むこともあります。ドアノブ、遊具、タオル、足拭きマットなどからも感染します。エンテロウイルス、ロタウイルス、ノロウイルス、アデノウイルス、新型コロナウイルスなどは接触感染で広がります。

e. エアロゾル感染

新型コロナウイルスは、飛沫感染および接触感染のほか、感染者の口や鼻から咳、くしゃみ、会話等のときに排出されるウイルスを含むエアロゾルと呼ばれる小さな水分を含んだ状態の粒子を吸入することにより感染します。エアロゾルは１メートルを超えて空気中にとどまることから、換気が不十分で混雑した室内に長時間滞在すると、感染リスクが高まります。

②感染経路への対策

感染経路を断ち切る対策には、次のようなものがあります。

a. 手洗い

手指は飛沫感染や接触感染のもとになりやすい部分です。ドアノブや電車のつり革に触れたあとには**手洗い**が有効です。また、手洗いはすでに感染している人が病原体を移動させないためにも有効です。「１処置・１手洗い」とも言われるように、こま

図7-3 正しい手洗いの方法

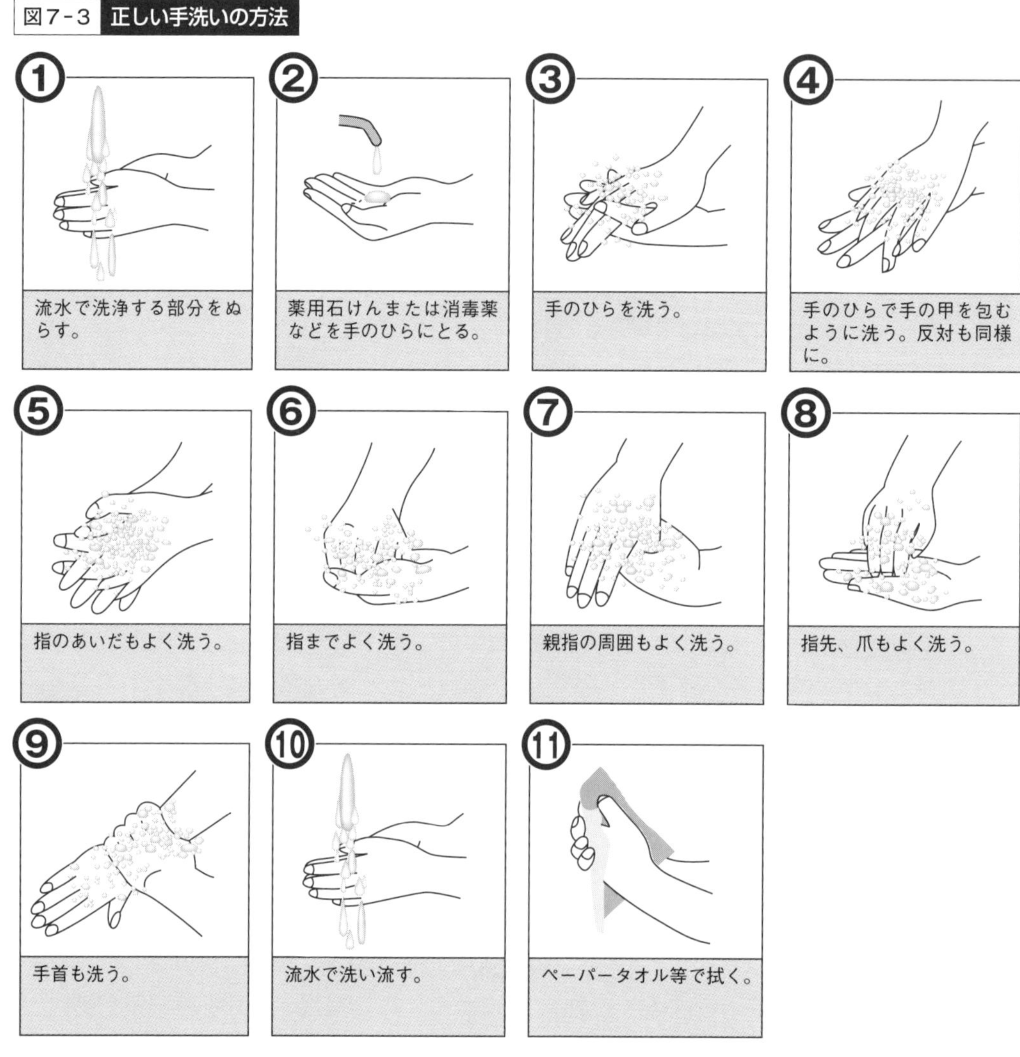

①
流水で洗浄する部分をぬらす。
②
薬用石けんまたは消毒薬などを手のひらにとる。
③
手のひらを洗う。
④
手のひらで手の甲を包むように洗う。反対も同様に。
⑤
指のあいだもよく洗う。
⑥
指までよく洗う。
⑦
親指の周囲もよく洗う。
⑧
指先、爪もよく洗う。
⑨
手首も洗う。
⑩
流水で洗い流す。
⑪
ペーパータオル等で拭く。

吉田製薬株式会社サイトを参考に作成

めな手洗いによって感染経路を断つことができます。食事の前後、トイレに行ったあと、病児の鼻を拭いたあとや、咳や便に触れたあとなどは、必ずせっけんを使って手洗いをしましょう。

さらに、手を洗ったあとはハンドクリームを塗るとよいでしょう。手が荒れることでそこから感染しやすくなるためです。ハンドクリームもしくは白色ワセリンなどを持ち歩き、こまめにすり込むようにするとよいでしょう。

b. うがい

うがいは呼吸によってのどの粘膜に病原体が付着することを防ぎます。うがい薬などを使ってもよいですが、水だけでもかまいません。

c. マスク

マスクは病原体が呼吸器内に侵入するのを防ぎます。鼻からのどにかけての上気道内の湿度を高めることで、侵入したウイルスの増殖を防ぐ効果もあります。また、感染した人が咳やくしゃみをした時に、飛沫が広がらないようにする役割もあります。マスク自体も感染物なので、付けてから外すまでは触らないようにします。

d. 使い捨て手袋・ビニール袋

感染者の血液、体液、分泌物、嘔吐物や排泄物には病原体が含まれています。手指のわずかな傷から病原体が侵入したり、手指が他のものに触れることで間接的に接触感染を起こしたりするため、これらに触れる場合には使い捨て**手袋**を使います。手袋の素材はラテックスやプラスチック、パウダー付き・なしなどの種類があります。手がかぶれる場合には使い分けましょう。

また、嘔吐物や排泄物は空気中に病原体が飛散しないよう、すぐに**ペットシート等**をかぶせ水分・嘔吐物を吸わせて、他の子どもや職員が嘔吐物や排泄物に触れないように気をつけます。

e. 人ごみを避ける

人ごみを避け、感染者と接触する機会を減らすことで、病原体が体に入り込む機会を減らします。

f. 換気

エアロゾル感染のリスクを下げるために、空気の流れをつくったり、定期的に窓をあけて、換気を行います。通常のエアコンには換気機能がないことに留意してください。

(3)個体の条件

①個体の条件とは何か

感染の３要素の最後は個体の条件です。体に病原体が入ってきても、抵抗力があれば発症しません。それには、予防接種によって**免疫**をつける方法が有効です。予防接種とは、ウイルスや細菌または菌が作り出す毒素の力を弱めて予防接種液（**ワクチン**）を作り、それを体に接種して、その病気に対する抵抗力（免疫）を作ることです。

図7-4 予防接種スケジュール（2023年4月現在）

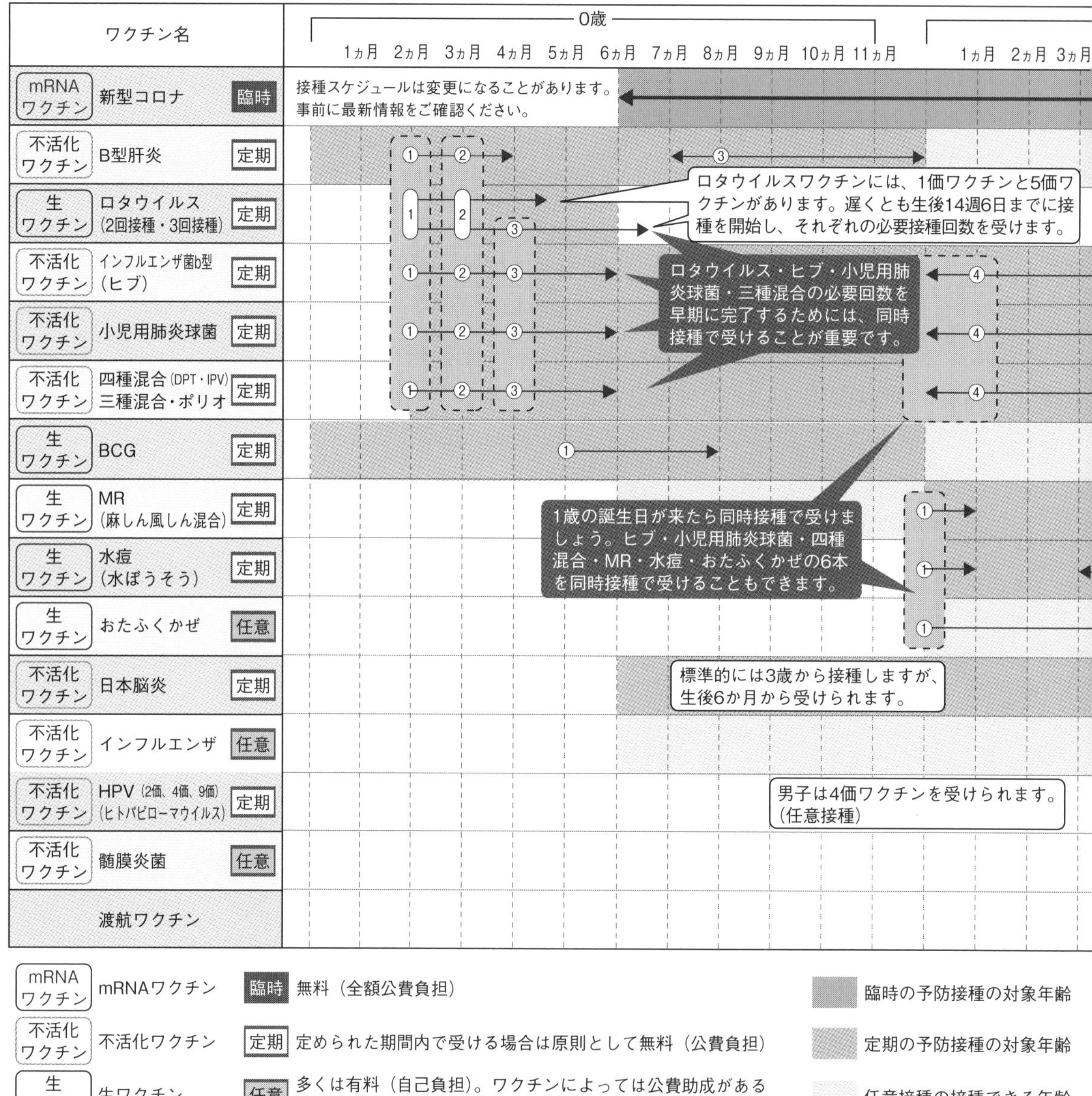

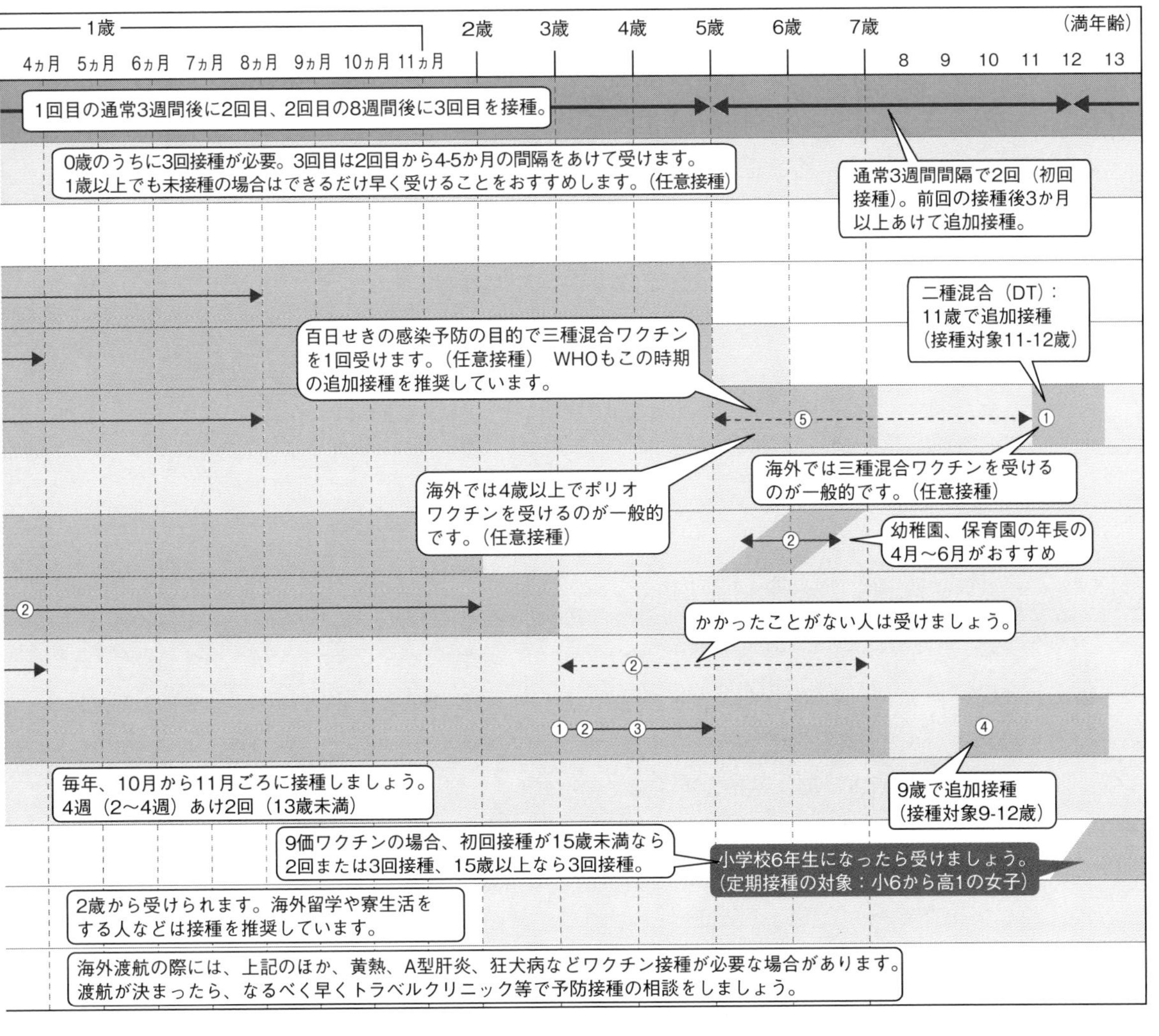

◀○▶ おすすめの接種時期(数字は接種回数)

※参考:know-VPDサイト

同時接種:同時に複数のワクチンを接種することができる

図7-5 主なワクチンと接種時期（2023年4月現在）

ワクチン名		基本接種回数	標準的な接種開始年齢	推奨追加接種
B型肝炎	定期	3	生後２ヵ月	
ロタウイルス	定期	2（1価） 3（5価）	生後２ヵ月（１回目は生後15週未満）	
ヒブ	定期	4	生後２ヵ月	
小児用肺炎球菌（13価結合型）	定期	4	生後２ヵ月	
四種混合（DPT-IPV）	定期	4	生後２ヵ月	11歳から二種混合（DT）
BCG	定期	1	生後５ヵ月	
麻しん・風しん混合（MR）	定期	2	１歳の誕生日すぐ（１回目）と小学校入学前年（２回目）	
水痘（水ぼうそう）	定期	2	１歳	
流行性耳下腺炎（おたふくかぜ）	任意	2	１歳～１歳１ヵ月	
日本脳炎	定期	4	生後６ヵ月	
インフルエンザ	任意	毎秋	生後６ヵ月	
A型肝炎	任意	3	１歳	
HPV（ヒトパピローマウイルス）	定期	3	中学１年	
髄膜炎菌	任意	1	２歳	

※予防接種法の改正を随時確認し、常に最新の情報を確認してください。

予防接種を受けることで、ウイルスに感染しにくくなったり、重症化するのを防いだりする効果があります。また、予防接種以外にも、規則正しい生活や適度な運動、睡眠をとることでも体の抵抗力を高めることができます。

②個体の条件への対策

a. 予防接種

ウイルスの毒性を弱めたもの（生ワクチン）と、毒性をなくしたもの（不活化ワクチン）の２種類があります。ワクチンはそれぞれ接種の種類やタイミングが異なります（前ページ**図7-4**、**図7-5**参照）。

法律に基づいて市町村が実施する定期予防接種と、保護者が接種を選択する任意接種とがありますが、任意接種の中にも流行性耳下腺炎ワクチン、インフルエンザワクチンなど一般的な感染症も含まれており、受けたほうが望ましいとされています。

予防接種は受けるとよいとされる年齢が決まっています。病児保育においても、子どもの年齢によって予防接種のチェック項目が異なります。子どもの状況をきちんと把握するために、代表的な予防接種の種類とその接種時期を覚えておきましょう。

予防接種のスケジュールや種類は変更されることも多いため、国立感染症研究所感染症情報センター[4]やKNOW★VPD![5]、日本小児科学会[6]ホームページで常に最新の情報を確認してください。

！ 保育者がもらいやすい病気

病児保育を行うに当たって、保育者の心配事のひとつに、「自分がお子さんから病気をもらってしまうかもしれない」ということがあるかもしれません。まずは自分自身の免疫力を高め、常に健康体でいることが大切です。その上で、「感染を未然に防ぐ」手立てを十分に行いましょう。

アデノウイルス・ノロウイルスは非常に感染力が強いので、状況に応じて手袋やマスクも利用し、感染に十分注意します。手足口病などは「子どもの病気」だと思っている人も多いですが、大人も感染しますので警戒が必要です。水痘・流行性耳下腺炎は大人になってかかると重篤化しやすいので、必ず予防接種を受けておきましょう。そして何より、感染予防の基本は「手洗い」です。「1処置・1手洗い」の徹底を心がけましょう。

4：http://idsc.nih.go.jp/vaccine/dschedule.html
5：http://www.know-vpd.jp/
6：https://www.jpeds.or.jp/

第8章 代表的な子どもの病気

学習の目標	子どものかかりやすい病気について知り、保育中のケアポイントを理解しましょう。

病気に対する治療を行うのは基本的に医師の役目です。病児保育において保育者がすべきことは子どもの症状の急変を見逃さないこと、病気の深刻度を見極めて冷静に対応すること、そして子どもが自ら治ろうとする力を支援することです。そのためには、代表的な子どもの病気について知ることが欠かせません。子どもの病状が急速に悪化した時や重篤な症状になった時には救急搬送の判断も必要になります。かかりつけ医や連携医療機関との連絡、救急搬送の際の留意点（詳しくは**第9章**で解説）を身に付けておきましょう。

1 代表的な病気の特徴

(1)上気道炎、感冒（症候群）

いわゆる**風邪**と呼ばれるもので、鼻からのどにかけて炎症が起きます。主な症状は発熱やのどの痛み、咳、鼻水です。原因の多くはウイルスによる感染で、感染予防・二次感染予防のためには手洗い、うがいを行います。ケアポイントは水分補給、安静、加湿です。ウイルスが活性化しないように、温度や湿度を適切に保つことが大切です。施設型では、温度計と湿度計で室内を適切な環境に保ちます。訪問型では、保育者が温度計や湿度計を持参し、調節するのが理想です（**図8－1**参照）。高熱の時は安静に過ごし、**クーリング**（体の表面近く

図8－1　病児保育における適切な環境

	温度	湿度
冬	17～22℃	40～60％
夏	19～24℃	45～65％

長崎県県南保健所　県南地域保育所感染症連絡会「保育園等感染症対応マニュアル」より

を走っている血管を冷やして体温を下げること）を行います（詳しくは**第９章**で解説）。

⑵ウイルス性胃腸炎

ロタウイルス、ノロウイルス、アデノウイルスなどの感染により、胃腸炎が起きます。腹痛、激しい下痢、嘔吐をともないます。ロタウイルスに感染した場合は便が白っぽくなり、酸っぱいにおいがします。これらのウイルスは感染力が強く、24時間以内に胃腸炎を発症する場合もあります。

ロタウイルスの場合、子どもには予防接種がありますが、大人にはありません。二次感染予防のために手洗いをしっかり行い、室内をこまめに換気しましょう。嘔吐物、便を処理する時はマスクや使い捨て手袋を使用します。汚物はそのつど個別にビニール袋に入れて処理しましょう。汚物が付いた部分や衣類の消毒には、次亜塩素酸ナトリウムを成分とする消毒殺菌剤を使うことが有効です。

ケアポイントとしては、嘔吐がある場合は無理に食べさせず、水分を少しずつ与えます。電解質濃度の高いイオン飲料をとることで脱水症を防ぐことができます。

⑶気管支炎

「ゴホゴホ」という、たんがからんだような咳が出たり、呼吸をする時に「ゼロゼロ」「ヒューヒュー」という音がしたりします。

気管支炎の原因はその大半がウイルス感染です。手洗い、うがいで予防します。ケアポイントは十分な水分補給、安静、加湿です。横になると気管を圧迫しますので、枕やクッションを高くして、もたれかかるような体勢で背を起こし、安静にします。小さな子どもの場合は抱っこするのもよいでしょう。

⑷水痘（すいとう）

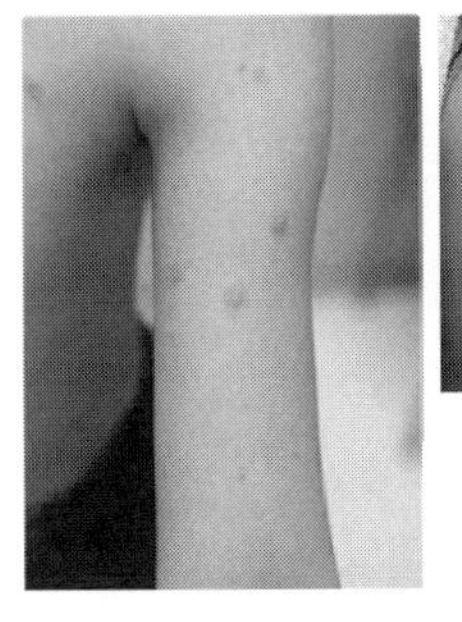

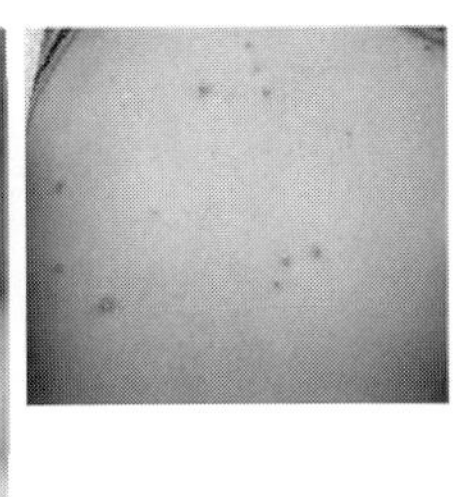

体に赤く小さな発疹が出たあと、全身に広がり、時間が経つと水疱（水ぶくれ）に変化します。強いかゆみがあるのが特徴です。原因はウイルスによる感染です。空気や飛沫によって感染します。保育者自身も予防接種をしましょう。子ど

もが患部をかきむしらないように注意します。体が温まるとかゆみが増すことがあるので、室温や衣服を調整しましょう。ただし現在は予防接種が２回行われるようになったため典型的な水痘はあまりみられません。

(5)流行性耳下腺炎

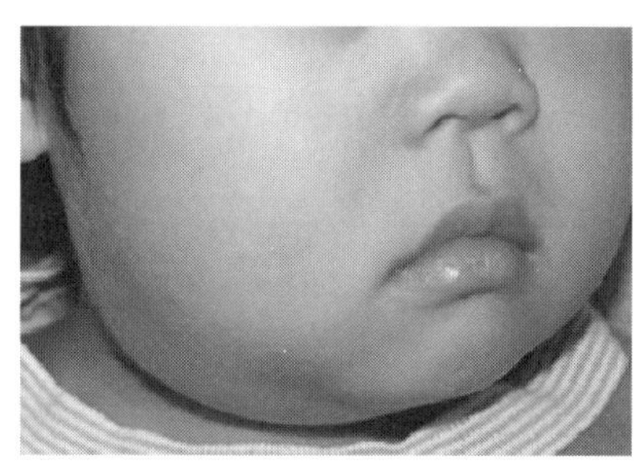

耳の下が腫れて痛みます。腫れと同時に38～39度の高熱が出ることもあります。幼児期の感染が最も多く、３～６歳の子どもが患児の多くを占めます。ウイルスによる感染力の強い病気で、予防接種をすることでかかりにくくなります。ケアポイントとしては、腫れている部分を冷やします。口の内側にも腫れや痛みが及ぶので、口を動かすのが困難になります。食事は柔らかく調理し、酸っぱい食べものは避けましょう。

2012年からは出席停止期間が、「耳下腺、顎下腺又は舌下腺の腫れが出た後５日を経過し、かつ全身状態が良好になるまで」と改められました。

(6)手足口病（てあしくちびょう）

手や足、口の中などに水をともなう小さな赤い発疹が見られ、痛みやかゆみをともなうことがあります。熱は37～38℃程度で、発熱しない場合もあります。口の中の発疹が痛むので食欲が落ち、まれに下痢や嘔吐など胃腸系の症状が出ることもあります。原因はウイルスによる感染です。便や飛沫から感染するため、保育者は便の取り扱い時には使い捨て手袋を使用します。

ケアポイントとしては、十分な水分補給を行います。かゆみがある場合は部屋を暖め過ぎないようにしましょう。また、直射日光を浴びないようにします。

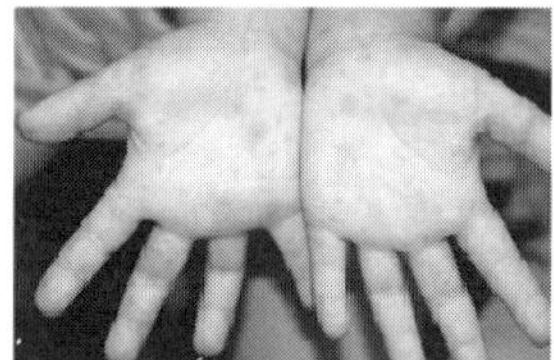

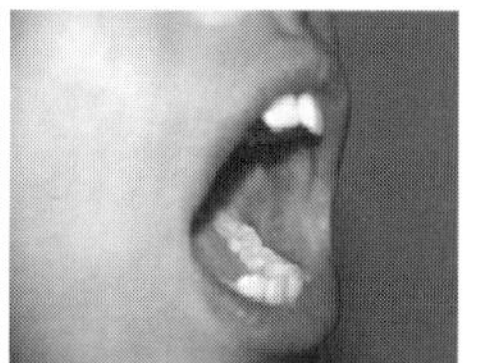

(7)ヘルパンギーナ

上あごの粘膜やのどの奥に水疱ができ、39～40℃の発熱をともないます。扁桃腺の周囲が赤くなることもあります。

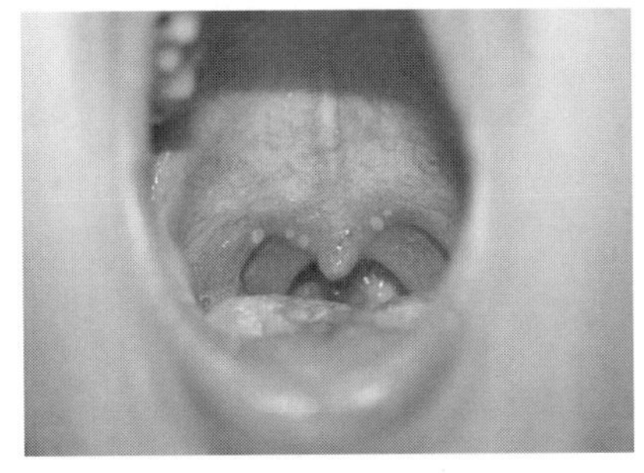

原因はウイルスによる感染です。保育者は便の取り扱い時には使い捨て手袋を使用します。のどが痛むのでつばを飲み込むのが困難になり、よだれが多くなったり嘔吐しやすくなったりすることがあります。のどに痛みがあるので、食べたり飲んだりするのを嫌がる場合もあります。脱水症に気をつけて水分を十分に摂るようにします。食事はのどごしがよいものを工夫します。ゼリー、プリン、そうめんなどが食べやすいでしょう。

(8)食中毒

細菌やウイルスで汚染された水や食べものから感染します。病原大腸菌食中毒（O-157など）や、サルモネラ食中毒、ノロウイルスによる食中毒などがあります。

食後24～48時間で腹痛や下痢、嘔吐があり、軽い発熱をともなう場合もあります。二次感染予防として手洗いと消毒を行います。食品の保存方法に注意し、十分に加熱してから食べるようにしましょう。

汚物の処理や消毒はウイルス性胃腸炎の場合と同様です。ケアポイントとして、お腹を痛がる時にはまず横にさせましょう。脱水症に注意して水分補給を心がけます。

(9)伝染性膿痂疹（でんせんせいのうかしん）（とびひ）

顔や手足など全身に透明な水疱ができます。水疱は次第に膿を持った膿疱になることもあり、かゆみが強いのが特徴です。この水疱が破れて中の滲出液が他の皮膚に付くと感染します。夏にかけて流行します。

細菌が皮膚に感染して起きるので、患部を覆うことが二次感染予防につながります。かきむしらないようにするためにも、患部を覆うことが大切です。暑いとかゆみが増しますので、室温や衣服をこまめに調整しましょう。

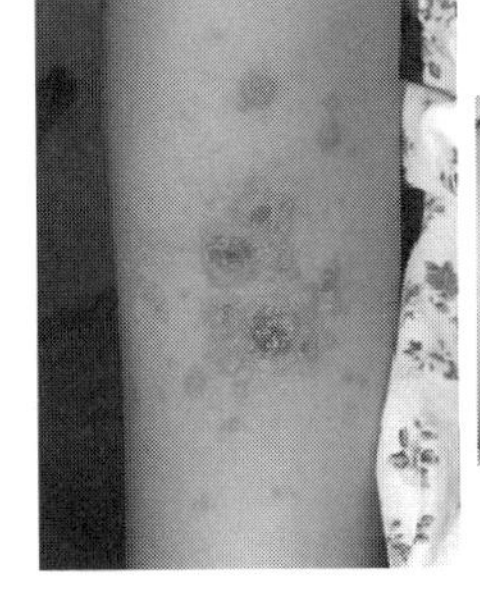

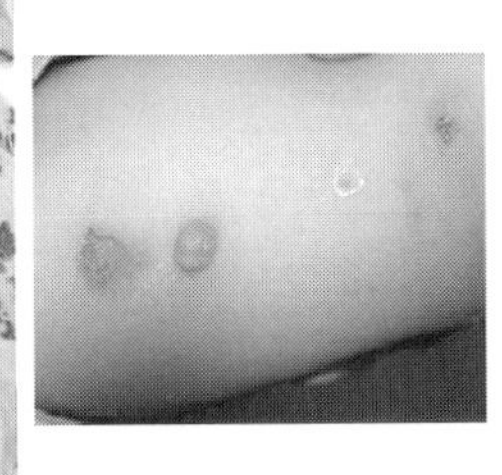

⑽急性喉頭炎

咽頭が炎症のために腫れて、犬吠様の咳、声がれ、喘鳴などの呼吸困難な症状を示す病気です(クループ症候群)。初期は鼻水、咳、のどの痛みがあります。「ケンケン」「ウオッッウオッ」という犬吠様の咳が出ます。高熱が出る場合も多く見られます。ウイルスによる感染です。

ケアポイントとしてこまめな水分補給、加湿を心がけます。気道の入口の喉頭蓋に炎症が起きる(急性喉頭蓋炎)と、気道がふさがれて呼吸ができなくなることがあるので注意が必要です。

⑾インフルエンザ

38℃以上の発熱や頭痛、筋肉痛、関節痛などの全身症状があり、のどの痛みや鼻水、咳もともないます。食欲不振、嘔吐、腹痛、下痢なども見られます。まれに急性脳症を併発するほど重くなる場合があり、予防にはワクチン接種が有効とされています。ウイルスはつばなどの飛沫で感染します。感染してから発症するまでの潜伏期間は2〜3日と言われています。いったん流行がはじまると短期間に多くの人へ感染が広がるのが特徴です。

ケアポイントは安静にし、定められた期間はしっかり休養をとることです。水分補給に気を配り、咳やくしゃみをする時はティッシュで口と鼻を覆い、一度使ったら捨てるようにします。ティッシュがないときは手ではなく、服の袖で受けるよう子どもにも指導します。手で受けると感染が広がりやすくなります。マスクも必要に応じて付けさせます。

2012年からは出席停止期間が「発症後5日を経過し、かつ解熱後2日(幼児にあっては3日)を経過するまで」と改められました。

⑿咽頭結膜熱

アデノウイルスによる感染症です。約1〜2週間の潜伏期のあとに発症します。夏期のプールで流行することから「プール熱」とも呼ばれます。高熱とのどの強い痛み、目の充血や痛み、目やにをともないます。アデノウイルスはいくつかの型があり、中でも流行性角結膜炎は極めて感染力が強く、前述の症状に加えて強い嘔吐や下痢も見られます。

ケアポイントとしては脱水症状や食欲低下に注意が必要です。つばや鼻水、涙、目やに、便などから感染します。タオルや食器の共用を避けます。次亜塩素酸ナトリウムを用いた消毒が有効です。

⒀溶連菌感染症

溶血性連鎖球菌が飛沫や接触により感染し、症状が表れます。咽頭炎や扁桃炎になると高熱とのどの強い痛みがあります。扁桃が真っ赤になり体に発疹ができ、舌がいちごのように腫れます。受診すると抗生物質を処方されます。

ケアポイントは水分補給を十分行い、抗生物質をきちんと飲むことです。熱が下がっても溶連菌が残っていれば再発の恐れがあるので、処方どおりに最後まで飲ませることが重要です。治療開始後24時間経ち、症状が軽減していれば他の患児と一緒に保育が可能です。

⒁新型コロナウイルス感染症（COVID-19）（基本的に保育しません）

新型コロナウイルス（SARS-CoV-2）による感染症です。潜伏期間は1～12.5日（多くは5～6日）です。2019年に中国武漢市で発見され、全世界に感染拡大しました。呼吸器症状、高熱、下痢、味覚・嗅覚障害等、さまざまな症状が見られます。後遺症が長引く場合もあります。子どもでは軽症もしくは不顕性も多くありましたがまれに重症化します。予防には新しい技術のmRNAワクチンが有効です。2023年5月に2類相当から5類に変更されました。密閉・密集・密接（三密）の空間で感染が広がります。入室時、抗原検査で迅速診断され、陽性の場合、基本的に保育しません。

! 現場の隔離は臨機応変に!

「隔離」なんて言うと、ものものしい感じがしますよね。

日常的にはあまり馴染みのない言葉ですが、病児保育では一般的な用語です。隔離は医療行為として、主に感染の防止のために行われます。

隔離が必要とされる病気は、感染力の強い感染症――風しん、水痘、流行性耳下腺炎、インフルエンザ、RSウイルス感染症、溶連菌感染症、咽頭結膜熱など――です。

預かる子どもが隔離を必要とする感染症にかかっている場合、施設型の場合は「隔離室」で保育を行います。隔離室の運用については、施設ごとにルールがありますが、「手洗い」「マスク」「エプロン交換の徹底」「手指の消毒」などが原則となるでしょう。

しかし、実際の保育の現場では、子どもから離れて手洗いをすることが難しい場合もあります。

病児保育においては、まず「子どもの安全を守る」ことが大前提です。いったん消毒液で手指の消毒を済ませ、保育が落ち着いたら手洗いをする、といった臨機応変な対応が求められるでしょう。施設型に限らず、訪問型の場合でも原則どおりにいかない場合もあるでしょう。要点を押さえた病児保育を心がけましょう。

2 アレルギー

アレルギーとは、本来ならば体が受け入れられる無害なものに対して過剰に免疫反応が起きることを言います。本来は、体に有害な細菌やカビ、ウイルスなどから体を守るための免疫反応ですが、生活上の物質に対してもそのメカニズムが働いてしまうのです。たとえば、アレルギー症状を引き起こす物質（＝**アレルゲン**）のひとつにチリダニがあります。チリダニのふんや死がいが体内に入ると、それを外に出そうとして鼻炎や結膜炎、アレルギー性のぜんそくが起きるのです。これを**アレルギー疾患**と呼んでいます。

アレルギー疾患には気管支ぜんそく、アレルギー性鼻炎、アレルギー性結膜炎、アトピー性皮膚炎、食物アレルギーなどがあります。子どもの場合はいくつかのアレルギー疾患をあわせ持つ場合もあります。その原因となるアレルゲンも、花粉、ハウスダスト、ダニ、食べもの、ペットの毛など様々です。

アレルギー疾患を起こしやすい体質のことをアレルギー体質と呼びます。これは遺伝する場合もありますが、生活環境など後天的な要因もあります。アレルギー症状は

図8-2 代表的なアレルギー疾患

1．気管支ぜんそく
2．アレルギー性鼻炎（花粉症など）
3．アレルギー性結膜炎（花粉症など）
4．アトピー性皮膚炎
5．じんましん
6．食物アレルギー
7．アナフィラキシー

※6、7はアレルゲン、症状から分類したもので、1～5の分類とは若干異なる。
「保育所におけるアレルギー対応ガイドライン」（平成23年3月）より

アレルゲン（原因抗原）を除去することで抑えることができます。たとえば、シーツ類をこまめに洗う、チリダニが増えやすい畳やカーペットなどを使わない、などの工夫があります。このように、生活環境を整えることで発症を抑えたり、症状が悪化することを防げたりする場合があります。

また、アレルギー体質は成長とともに変わることがあります。たとえば、幼児期はアトピー性皮膚炎の症状が出ていた子が、小学校に入る頃に花粉症になる、といった具合です。これを**アレルギーマーチ**といいます。

病児保育においても子どものアレルギー症状の有無を把握することは大切です。事前資料や引き継ぎ時の確認は入念に行います。以下、代表的なアレルギー体質とケアポイントを見ていきましょう。

(1)食物アレルギー

特定の食べものを摂取することで起きます。乳児期の５～10%、学童期以降の１～２%の子どもに食物アレルギーがある、と言われています。じんましんや下痢、呼吸の異常などの症状が出たり、口の周りが腫れたりすることもあります。

鶏卵、乳製品、小麦は**３大アレルゲン**とも呼ばれます。これ以外にもアレルギーを引き起こすものには様々な種類があります。引き継ぎ時に保護者に食物アレルギーの有無をしっかりと確認しましょう。施設型・訪問型ともに決められた食事やおやつだけを食べさせるようにします。

アレルギーの症状が急激に表れ、呼吸困難や意識障がいが出た状態を**アナフィラキシー（ショック）**といいます。アレルゲンとなる食品で引き起こされる場合が多く、重篤な場合には救急搬送が必要となります。アナフィラキシーが起きたら、まずは原因物質を取り除きます。原因物質が食べものであれば、ただちに口から出させます。子どもが原因物質に触れた手で目をこすらないことにも留意します。これらの対応が遅くなると、呼吸困難や意識障がいに陥る状態まで進行してしまうケースもあります。乳児の場合は泣き出したり、呼吸の様子がおかしいなと感じたら、そして幼児・学童の場合はのどが詰まるような感じや息苦しそうな様子が見られたら、すぐに救急搬送します。

アレルギー体質の子どもがいる家庭では、アナフィラキシーの症状を緩和するために自己注射する補助治療剤（＝エピペン、次ページを参照）を用意しているところもあります。施設型の場合は引き継ぎ時に持参してもらい、訪問型の場合は保存場所を聞いておき、いざという時には保育者が使用できるように保護者の了解をとっておくことが望ましいでしょう。

図8-3 アナフィラキシーの典型的症状

初期の症状	口内違和感、口唇のしびれ、四肢のしびれ、気分不快、吐き気、腹痛、じんましんなど
中程度の症状	のどが詰まった感じ、胸が苦しい、めまい、嘔吐、全身のじんましん、ぜーぜーして苦しくなる
強い症状	呼吸困難、血圧低下、意識障がい

「食物アレルギーによるアナフィラキシー学校対応マニュアル」（財団法人日本学校保健会）より一部改変

エピペン

食物や蜂毒、薬物等によって引き起こされたアナフィラキシーに対して自己注射をすることで症状を緩和する補助治療薬です。アナフィラキシーを起こしたことがある人や、その危険性の高い人が使います。エピペンの成分であるアドレナリンによって、気管支を広げたり心臓の機能を強めて血圧を上昇させたりすることで、ショック症状を緩和します。2011年９月からは保険が適用されるようになりました。エピペン使用後は必ず医療機関を受診します。

（「エピペン」についての情報・ファイザー〈http://www.epipen.jp/〉より）

⑵アトピー性皮膚炎

慢性の湿疹で、一時的に強いかゆみをともないます。湿疹のでき方に特徴があり、たとえば、乳児の時には顔や頭にジュクジュクした湿疹ができ、幼児になるにしたがって首やお腹、背中へと広がっていく場合もあります。

食物アレルギーが引き金になっている場合や、ダニやハウスダスト、ペットの毛など食べもの以外が原因となっていることもあります。

ケアポイントとしては、汗などの刺激に対して引っかいて炎症を起こしやすいので清潔に保ち、保湿をして皮膚を守ります。衣服は刺激の少ない、チクチクしないものを選びます。それでも子どもはかゆがるのがふつうで、あまりにかくことを制するとストレスを感じてしまいます。かゆがる場合には洋服の上から軽くさする、優しく冷やすなどして「そうだね、かゆいね」と子どもの気持ちを受け入れるような言葉がけ

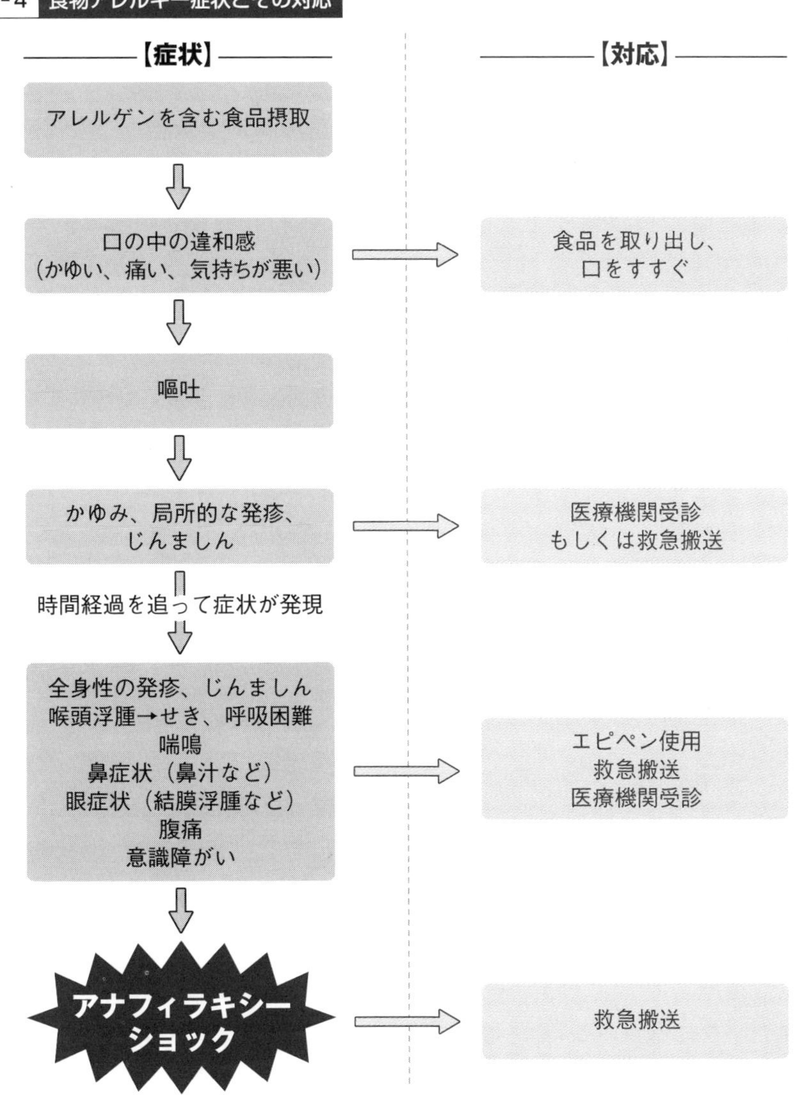

図8-4 食物アレルギー症状とその対応

をしていきましょう。

(3)小児気管支ぜんそく

カビやダニ、花粉などのアレルゲンを吸い込むことで気管支の筋肉が収縮して狭くなり、気管支内にたんなどの分泌物がつまり、呼吸がしにくくなります。ストレスや気象条件、激しい運動により生じることもあります。呼吸が「ゼーゼー」と速くなったり、寝ているのが苦しくて座って肩で息をしたりします。

発作が起きて苦しい時は、上体を起こして衣服をゆるめ、背中をさすります。冷たい水を飲ませるのもよいでしょう。吸入式の薬があり、引き継ぎ時に保護者から使用を指示された場合には、適切に使います。息をする時に胸が明らかにへこむほどの呼吸困難や、唇が紫色になりぐったりする**チアノーゼ**が見られた場合は救急搬送します。

⑷じんましん

食べもの、薬、細菌やウイルス感染、虫さされ、急激な温暖差、日光、ストレスなど原因は多様です。2、3歳以上の子どもに多く見られます。赤く、時には白い皮膚の盛り上がりが表れ、手のひら大に広がることもあります。唇や口、のどの中の粘膜にできることがあり、呼吸困難を起こすこともあります。

かゆみがあるので、室内や衣服の重ね着で暖かくなり過ぎないようにします。冷たいタオルで冷やすとかゆみがやわらぎます。体調が悪い時には、ふだん食べている食べものが原因となってじんましんが出ることもあります。急にじんましんが広がったら受診をしましょう。呼吸困難が見られた場合は救急搬送します。

⑸ペットアレルギー

動物（猫、犬、鳥、ハムスター、うさぎなど）の毛やフケ、分泌物などが原因で、じんましんや湿疹、ぜんそくや鼻炎などの症状が表れます。アレルギー症状が出た時の対処法は必ず引き継ぎ時に確認しましょう。保育者が自宅でペットを飼っている場合、保育者の体に付いているペットの毛がアレルゲンとなる場合があります。施設型でも訪問型でも、保育前に着替えるようにします。また、保育者自身にペットアレルギーがある場合は、訪問先にペットの有無を確認しましょう。

3 学校感染症

学校は子どもたちが集団で過ごす場所であり、感染症が広がりやすい環境にあります。学校保健安全法で、学校で予防すべき感染症が定められています（**図8-5**参照）。この法律で定められた感染症を**学校感染症**と呼びます。児童・生徒が学校感染症にかかった場合、出席停止や臨時休校などの対応によって感染症が拡大するのを抑

図8-5 学校感染症の種類と出席停止期間の基準

分類	病名	出席停止期間の基準
第一種	エボラ出血熱、クリミア・コンゴ出血熱、痘そう、南米出血熱、ペスト、マールブルグ病、ラッサ熱、急性灰白髄炎、ジフテリア、重症急性呼吸器症候群（病原体がコロナウイルス属SARSコロナウイルスであるものに限る）、鳥インフルエンザ（病原体がインフルエンザウイルスA属インフルエンザAウイルスであってその血清亜型がH5N1であるものに限る）、新型インフルエンザ等感染症、指定感染症、新感染症	治癒するまで
第二種	インフルエンザ（鳥インフルエンザ（H5N1）を除く）、百日ぜき、麻しん、流行性耳下腺炎、風しん、水痘、咽頭結膜熱、結核、新型コロナウイルス感染症	各感染症ごとに出席停止の期間の基準が定められている（病状により学校医その他の医師において感染の恐れがないと認めたときは、この限りでない）
第三種	コレラ、細菌性赤痢、腸管出血性大腸菌感染症、腸チフス、パラチフス、流行性角結膜炎、急性出血性結膜炎、その他の感染症	病状により学校医その他の医師において感染の恐れがないと認めるまで

「厚生労働省保育所における感染症対策ガイドライン」より

える措置がとられます。

病児保育では、第二種、第三種の学校感染症に感染している子どもも預かることになります。再度登校（園）するためには、医師の**登校（園）許可書**または**治癒証明書**が必要になるケースがあります（なお、学校感染症で学校を休んでも欠席扱いにはなりません）。

第三種にあるその他の感染症とは、学校で流行が起こった場合にそれを防ぐため、校長が学校医の意見を聞き第三種の学校感染症としての措置をとることができる疾患です。溶連菌感染症、ウイルス性肝炎、手足口病、伝染性紅斑、ヘルパンギーナ、マイコプラズマ感染症、流行性嘔吐下痢症などがこれにあたります。出席停止期間の基準は「学校医その他の医師において感染の恐れがないと認めるまで」となっていますので、登校（園）ができるかどうかを主治医や学校、保育園に確かめます。

病児保育に携わる保育者は登校（園）の判断をする立場にはありませんが、確実な引き継ぎのためには、預かる子どもが出席停止となる感染症なのかどうかを知っておくことが重要です。

第9章 基礎的な看護の方法

学習の目標	実際の病児保育で知っておくべき看護の仕方について理解しましょう。

1 安静と遊び

(1)安静に過ごす

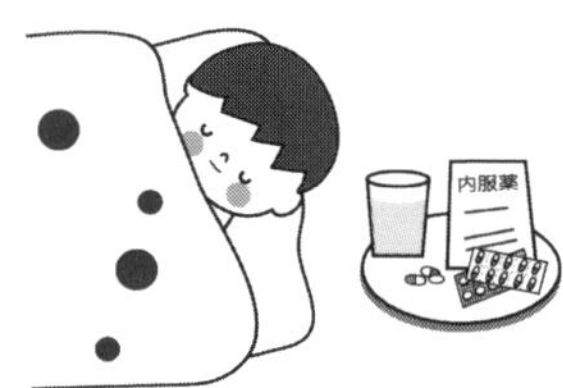

病児にとって安静はとても大切です。熱の上がりはじめの頃は、眠りたくても眠れずにぐずる場合がありますが、部屋を静かにして照明を落とし、優しくなでるなど、落ち着かせる工夫をしましょう。

(2)遊びのタイミング

子どもは遊びを通して成長していきます（詳しくは**第３章**で解説）。また遊びを通した笑いは体の免疫力を上げる効果があります（詳しくは**第５章**で解説）。子どもの育ちを促すものとして、また回復を早めるためにも遊びは病児保育の一部だと言えるでしょう。

大切なのは安静にしている時と遊んで過ごす時のバランスに気を配ることです。子どもは欲求や元気があれば楽しく遊ぶことができますし、体調が悪ければあまり動きたがらないものです。無理に遊ばせたり寝かせたりするのではなく、回復度などを見ながら子ども一人一人の状況に応じた関わりを心がけましょう。また、当然ながら、子ども自身が遊びを楽しいと思えるのは、しっかり看護された上でのことです。まずは、病児に対する基本的なケアの方法を身に付けましょう。

テレビをどう使うか

テレビを保育の中でどう使うのかは、事業者や保護者の考え方によって異なりますので、基本的にそれにしたがいます。テレビを見る場合には、子どもの安静を妨げることのないよう、また、見ているあいだも子どもから目が離れることのないように注意します。

❷ 発熱

人はなぜ熱が出るのでしょうか。ウイルスや細菌が体内に入ると脳の視床下部中枢から指令が出て、免疫システムの活動が活発になります。体温が上がったり白血球が増えたりするのはそのためです。体温が上がると増殖する温度帯が狭いウイルスや細菌は活動が鈍くなり、増殖しなくなるのです。これが、熱が出る理由です。

熱がある・ない、という判断も大切ですが、子どもの「ぐったり度」をよく観察しましょう。熱がなくても食事を食べない、水が飲めない、元気がない、あまり動かない、ゴロゴロしているなどで「ぐったり」していたら、注意が必要です。

(1)体温測定

体温測定は病児保育の基本です。体温計には脇で測るもの、耳で測るものなど様々な種類がありますが、どのタイプの体温計も測定結果に大きな差はないので、施設や家庭にあるものを使えばよいでしょう。病児保育では、子どもは保育者と初対面の場合も多く、体温を測ろうとしても嫌がってしまう場合もあります。こうした場合には、顔に近い耳で測るものよりも、脇で測るもののほうがより安全でしょう。

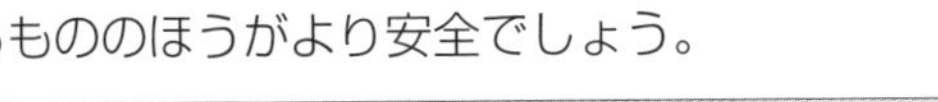

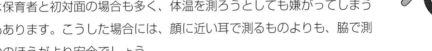

正しい体温の測り方

汗を拭き、体温計の先を脇の下から上に向けて押し上げるようにはさみます。

上半身に対して体温計が30度ぐらいになるように上端を上げ、隙間がないように脇をしっかりと閉じます。体温がこれ以上上がらない一定の数値（平衡温）になり、体温計の電子音が鳴るまで待ちます。

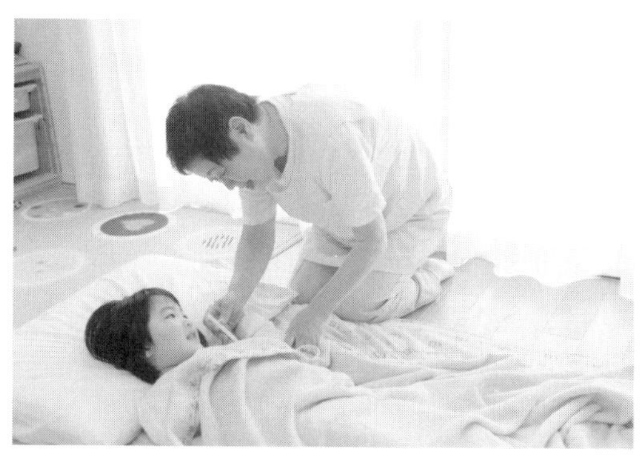

急な体温の変動があった場合は、もう一度測り直します。体温が高くなりやすいのは泣いている時、食後、室温が高い時、厚着している時などです。一方、体温が低くなる時は、汗をかいた時、室温が低い時、薄着している時などです。クーリングのあとも低くなりがちです。こうした場合は15分〜30分経ってから測り直します。

(2)解熱剤を使う際のチェックポイント

熱が高くなると**解熱剤**を処方される場合があります。38.5℃以上の発熱がある時、食べたり飲んだりできない時、機嫌が悪い時、痛みを訴えた時（ぐずりがある)、眠れない時などに使うようにします。体の自然な反応として熱が出ているので、必要がなければ解熱剤を使う回数は少ないほうがよいでしょう。

(3)クーリング

体の表面近くを走っている血管を冷やして体温を下げることを**クーリング**といいます。首、脇、股（そけい部）に、保冷剤などをタオルで包んだものを当てます。子どもが嫌がるようなら無理にする必要はありません。額に貼り付けるジェル状シートは、解熱に対する医学的な効果はなく、はがれて口や鼻をふさいだり、かぶれたりする恐れがあります。

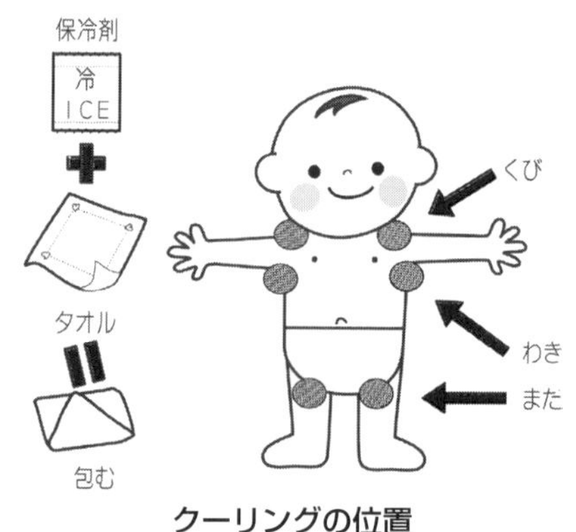

クーリングの位置

子どもが使いたがる場合だけ使い、しばらくしたら外すようにします。

⑷熱性けいれん

熱が短時間で急上昇し、体がそれについていけない時に、脳細胞が刺激を受けて全身の筋肉が**けいれん**を起こすことがあります。突然意識がなくなり、全身の筋肉が硬直したり、ビクンビクンとけいれんしたりします。けいれんしているあいだに皮膚の粘膜が紫色になって白目をむく、**チアノーゼ**という症状を起こすこともあります。熱性けいれんが起きたら慌てず、速やかに以下の行動に移ります。

①けいれんがはじまった時間を確認します。
②口の中に何も入れないようにします。
③体を横向きにします。これは嘔吐物で気道がふさがれることを防ぐためです。
④けいれんを観察します。どのくらいの時間持続したか、全身性かまたは体のどの部分がピクピクしていたのかをチェックします。後の検査や治療の際に必要な情報となります。

多くのけいれんは２～３分以内で止まります。けいれん後の子どもは、少しぼうっとしたあと眠ることがほとんどです。その時点でけいれんは終わっています。通常、けいれんは１回で終わります。

一方、けいれんが３分以上続く場合や２回以上繰り返すようなら、病院を受診します。初回の発作で短い間隔でけいれんが繰り返されて意識が戻らない時、体の一部の発作が見られる時や硬直がある時、全身性でも特に体の一部の動きが強い時、意識障がいやまひなど他の神経症状をともなう時、熱をともなわないけいれんの時なども、急いで受診する必要があります。

図9-1 熱性けいれんが起きやすい時

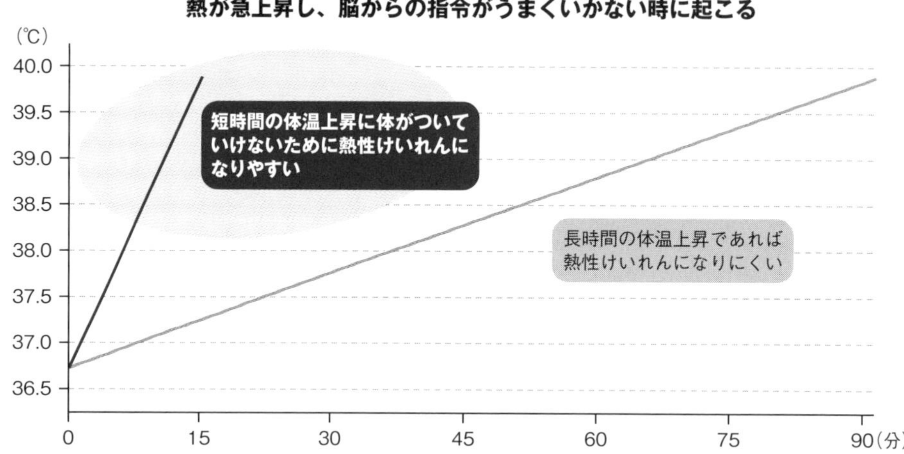

3 清潔の維持

人の体の細胞は、新陳代謝によって不要になった老廃物が取り除かれています。乳幼児は特に新陳代謝が活発なので、発汗や皮膚粘膜から出た排泄物や付着物を取り除くため、こまめに衣服を着替え、必要に応じて体を拭いて清潔を保ちます。体を清潔に保つことで、気持ちよさやさっぱりしたという満足感を得ることができます。快い感覚を通して体を清潔にするための行動も身に付きやすくなります。

保育者は子どもの病状や発達段階を考慮しつつ、自分でできることは自分でさせながら、援助をするようにします。

4 排泄の処理

人は食べ物を摂取し、代謝・排泄しながら生きています。排泄物を観察することで食べたものや体の状態が分かります。下痢は摂取したものを体が早く排出するよう反応した時や、十分に吸収できなかった時に生じます。体の状態を十分に表現できない乳幼児の場合、排泄物を観察して体の状態を推測することはとても重要です。嘔吐や下痢があれば脱水に十分注意し、汗や尿などの排泄量と

水分摂取量のバランスをとるよう心がけます。

(1)嘔吐の対応

体内に細菌やウイルスが侵入し、それを体外に排出するための消化器の反応が嘔吐です。摂取したものに対して体が受け付けない時や、過剰な興奮で消化が追いつかない時、体内の病原菌を体外に出そうとする時に、消化器症状として表れます。

言葉の出ない乳児や「吐きそう」と言えない幼児も多いので、経過や様子により突然の嘔吐も想定して準備をしておきましょう。

嘔吐への対応は次のような手順で行います。

①嘔吐した時間を確認します。
②子どものケアをします。口の中を観察し、食べもののかすはガーゼなどで取り除きましょう。うがいができる子どもにはうがいをさせます。
③嘔吐物に覆いをします。ノロウイルスやロタウイルスに感染している嘔吐物はすぐにペットシートで覆い、感染が広がるのを防ぎます。処置には使い捨て手袋を使用します。
④嘔吐物を処理します。
⑤処理後は床や嘔吐物と接触したものを次亜塩素酸で消毒します。
⑥保育記録に記入します。

嘔吐した時のケア

吐きやすい体勢にしてあげましょう。

いつ吐くか分からない時は横向きに寝かせます。

子どもが吐きそうになったら、吐いたものが気管に入って窒息しないように、顔を下向きにします。いつ吐くか分からない時は横向きに寝かせます。寝具にはビニールシートをかけ、その上にタオルを敷くなどして、吐いたものがふとんに染み込まないようにしましょう。吐き気が続く場合は、上半身を起こしたほうがラクな場合もあります。嘔吐のあとは水分を与えますが、この時に勢いよく飲ませると、水分が刺激となり、また吐いてしまうことがあります。少量ずつ時間の間隔をあけて飲ませましょう。

⑵便の対応

①便の種類

便の色によって子どもの病状が分かります。気をつけたい便の状態は次のとおりです。

a. 赤い便

出血をともなう可能性が考えられるので、注意が必要です。細菌性の腸炎や腸重積症などの疑いがあります。

b. 白い便

寒い時期にはロタウイルス感染症の疑いがあります。

c. 黒い便

胃潰瘍や十二指腸潰瘍などの病気で、内臓から出血している疑いがあります。

一方で、通常と違っていても心配のない便もあります。緑色の便の中に米粒のようなものが混ざっている便は、母乳を飲んでいる乳児によく見られるものです。便秘のあとに出血をともなっている便が出る場合、肛門や出口に近い腸の粘膜が傷ついている「切れ痔」のような状態であれば、自然に治癒します。いちごやブルーベリーなど色の濃い食べものをとったあとに、便に色が付くこともあります。便を見分けることは難しいので、「おかしいかな？」という便が出た時には個別にビニール袋に保存して医療機関で確認してもらいましょう。

②下痢のチェックポイント

下痢の時には３つのチェックポイントがあります。

a. 記録

下痢の回数、軟便・泥状便・水様性下痢などの便性、量、色、におい等を確認して記録します。

b. 観察

先ほどあげた便の状態を参考に、病状に関わる便かどうかを判断します。

c. 処理

感染が疑われる時には使い捨て手袋を使い、ビニール袋に入れて処理します。

下痢の時はおむつかぶれを起こしやすくなっています。お尻の汚れはお湯で洗い流すこともあります。専用バスタオル、新聞紙やペットシート、ビニール袋、お尻拭き、多めのおむつを用意しておくとすばやくケアできます。処理のあとは、自分の手をよく洗いましょう。

5 水分管理

子どもの水分補給には、湯冷ましか麦茶を飲ませるようにします。乳酸菌、炭酸飲料、ジュース、スポーツ飲料などは糖分が多く、食欲が落ちたり虫歯の原因になったりするので、多用するのは避けましょう。おやつに楽しみとして飲む、薬のあとごほうびとして飲む、といった程度にとどめておきます。ジュースを飲んだあとは虫歯予防のためにうがいをさせましょう。

麦茶は胃の粘膜を守りながらゆるやかに体を冷やす作用があります。食物繊維が含まれ、カフェインは含まれていない点も子どもに適しています。熱過ぎるもの、冷え過ぎているものは避け、冷蔵庫で冷やしておいたものを常温に戻すか、作ったあとに魔法びんに入れて保温したものを飲ませるようにします。

図9-2 1日に必要な水分量

年齢	必要水分量（ml/日）
新生児	150ml×体重（kg）
5ヵ月	120ml×体重（kg）
1歳	100ml×体重（kg）
5歳	80ml×体重（kg）
10歳	50ml×体重（kg）
15歳	30ml×体重（kg）

⑴発熱・下痢・嘔吐の時の水分補給

脱水を防ぐためには、**経口補液**が効果的です。これは点滴の代わりに適度な塩分・電解質・糖分を含んだもので、専用の経口補液や子ども用のイオン飲料を用います。商品としてはOS-１（大塚製薬）などがあります。フルーツジュースであれば、りんごが適しています。りんご以外のジュースは下痢を悪化させる恐れがあり、かんきつ系のジュースは胃を刺激してしまいます。

⑵水分を摂りたがらない場合

子どもは年齢が低いほど体重に占める水分の割合が多いため、わずかな水分の喪失が脱水症につながる恐れがあります。病状によっては子どもが水分を摂ることを嫌がる場合もあるので、年齢に合わせた工夫をしましょう。

乳児にはスポイトやスプーン、ほ乳ビンを使って時間をかけて飲ませます。３歳以上の幼児には絵本や遊びを通して「水を飲むことは大切なんだ」と理解させるとよいでしょう。どの年齢の子どもでも、水分が体に入ってラクになることを実感することで進んで飲むことがあります。

吐き気や嘔吐がある時は、胃の動きが鈍っているため水分が移動しにくい状態になっています。一度に飲ませると胃が収縮して吐いてしまいますので、スポイトで少量ずつ飲ませ、胃を刺激しないようにします。

⑶調乳・調理のポイント

乳児のミルクを作る時には、ミネラルウォーターは使わないようにします。海外のミネラルウォーターは硬水のものが多く、子どもの腎臓に負担がかかるためです。水道水を一度沸かしたものを使うとよいでしょう。食欲が落ちている子どもには無理して食事をさせずに水分補給を優先しましょう。おかゆは水分・糖質・塩分を含んでおり、病児の食事として適しています。

6 咳の対応

まず、どのような咳が出ているかを観察します。「ケンケン」「コンコン」「ゼロゼロ」など音により気管支炎や咽頭炎のような病状が分かります（詳しくは**第８章**で解説）。

水分補給ができているか、眠れているかどうかも確認します。

咳がひどい時は、上体を起こしてあげましょう。積み上げたふとんに前屈みになる方法もあります。水分を意識的に多めに摂らせ、部屋を十分に加湿します。食べものや飲みものを飲み込めず、息をする時に「ヒューヒュー」という音がしたら、ぜんそくの疑いがあるので、保護者に受診を促します。

7 薬の飲ませ方

子どもはお腹がいっぱいで薬を飲まなかったり、食べものと一緒に吐いたりしてしまうことがあります。決められた回数を守って飲ませることができるように工夫しましょう。

医師によっては、薬をミルクやジュース、ヨーグルトなどに混ぜて与えることを認める場合もありますが、基本的には薬だけを飲ませるようにします。薬を混ぜることで食べものの味が変わるので、その食べもの自体を嫌いになってしまうことを防ぐためです。「病気を治すために薬を飲む」ことを子どもに理解させる意味でも、薬だけで飲ませることが望ましいでしょう。

(1)乳児の場合

乳児用に多く処方されるシロップ（水薬）は、液体で飲みやすいように甘味や香料が加えられています。使用前に容器をよく振って中身を均一にしてから、１回分を別容器に計りとります。飲み込みができるようになれば、スポイトで口の奥へ入れる、またはスプーンで少しずつ流し入れて飲ませます。口に入れたスポイトやスプーンは１回ごとに洗うようにします。

粉薬は小皿に１回分の量を出し、数滴の水で練ったものを口に入れ、そのあと水かミルクを飲ませます。舌先は苦味を強く感じる部分ですので、舌に乗せるのは避けましょう。薬をミルクに混ぜることは避けますが、水で溶かすのはかまいません。ひと口で飲める量にするのがコツです。

⑵幼児の場合

薬を飲むことの意味や必要性が理解できる年齢になってきたら、飲む気持ちがあることをほめ、進んで飲めるように練習をしましょう。基本は水や白湯で飲ませます。飲まない時には乳児と同じような工夫をします。シロップは１回分ずつ凍らせてシャーベット状にしてもよいでしょう。おちょこなど小さな容器に移し替えると目先が変わって飲むこともあります。シロップのボトルに直接口を付けて飲ませることは避けます。粉薬が水や白湯で飲めない時は、団子状に練る、またはゼリータイプのオブラートを活用する、などの方法もあります。

❗ 苦い薬をツルリと飲む方法

オブラートを知っていますか？　デンプンから作られる、水に溶けやすい半透明の薄いシートのことをいいます。最近は子どもに漢方薬を飲ませるケースも多くなっています。漢方薬は苦みを感じるものが多いのですが、オブラートに包むと苦みを感じることなく飲み込むことができます。子ども用にオブラート自体にいちごやぶどうなどの味が付いた商品も出ています。

オブラートは薄い紙のようなシートで、薬の味を感じずに済む反面、カサカサとして飲み込みにくいという難点もあります。この「飲みにくさ」を解消する方法を紹介しましょう。

①小皿に水を入れ、②1枚のオブラートをのせて、③真ん中に薬を置きます。④そこにかぶせるようにもう1枚オブラートをのせて折りたたみ、水が浸ってきたら皿に口を付けて飲み込みます。こうすることで、くずもちのようにツルリと簡単に飲み込むことができるのです。

8 アレルギー／アナフィラキシー

アレルギーへの対策

特定の物質に対して体が反応し、それらを体外に出そうとして様々な症状が表れるのがアレルギーです（詳しくは**第８章**で解説）。アレルギー症状を起こさせないために、チェックを怠らないようにしましょう。

食物アレルギーの場合、保護者が用意したもの以外は食べさせないことを徹底します。保育者が菓子などを持参して子どもに与えることは厳禁です。ハウスダスト、チリダニなどのアレルギーの場合は換気と加湿が重要です。

アナフィラキシーショックが起きた場合はすぐに病院を受診します（詳しくは**第８章**で解説）。

9 SIDS（シズ）チェック

(1)SIDSとは

乳幼児突然死症候群（**SIDS**：Sudden Infant Death Syndrome）とは「それまでの健康状態および既往歴からその死亡が予測できず、しかも死亡状況および剖検によってもその原因が不詳である、乳幼児に突然の死をもたらした症候群」（厚生省心身障害者研究班）と定義されています。それまで健康であった乳幼児が突然眠るように死亡し、窒息や誤飲などの事故によるものではなく、解剖しても原因が見つからない状態を指します。

日本では6000～7000人に１人程度の割合で発生しています。新生児から２歳ぐらいまでが多く、特に２ヵ月～４ヵ月ごろが最も多くなっています。多くは睡眠中に発生します。

(2)SIDS発生を減らすために

SIDSの発生を低くする育児環境があると言われています。その環境とは「仰向け寝で育てる」「暖め過ぎない」「できるだけ一人にしない」などです。また保護者がタバコを吸わない、母乳で育てる、などのこともSIDS発生の確率を低くすると言われています[6]。

6：厚生労働省サイト「乳幼児突然死症候群（SIDS）をなくすために」http://www.mhlw.go.jp/bunya/kodomo/sids.html

しかし、原因が特定できないため、今のところSIDSを完全に予防することはできません。保育中は、呼吸停止がないかをきちんと確認することがSIDSの防止につながります。子どもが寝ているあいだは「SIDSチェック表」（**図9-3**）を用いて定期的に呼吸を確認することが有効です。

このチェックリストは、睡眠中、5分ごとに子どもの鼻の下に指を当てて呼吸しているかを確認し、呼吸していれば「分」の時刻に○を付けていく、というように使います。同時に、寝具などが顔にかかっていないかなど、アクションリスト（**図9-4**）も確認しましょう。

図9-3 SIDSチェック表

SIDSチェック表

8：	00	05	10	15	20	25	30	35	40	45	50	55
9：	00	05	10	15	20	25	30	35	40	45	50	55
10：	00	05	10	15	20	25	30	35	40	45	50	55
11：	00	05	10	15	20	25	30	35	40	45	50	55
12：	00	05	10	15	20	25	30	35	40	45	50	55
13：	00	05	10	15	20	25	30	35	40	45	50	55
14：	00	05	10	15	20	25	30	35	40	45	50	55
15：	00	05	10	15	20	25	30	35	40	45	50	55
16：	00	05	10	15	20	25	30	35	40	45	50	55
17：	00	05	10	15	20	25	30	35	40	45	50	55
18：	00	05	10	15	20	25	30	35	40	45	50	55
19：	00	05	10	15	20	25	30	35	40	45	50	55

特記事項　　仰向け寝　・　うつ伏せ寝　・　横向き寝

・睡眠中、5分ごとに呼吸を確認し、呼吸をしていれば○を付ける
・随時アクションリストも確認する

図9-4 SIDSチェック時のアクションリスト

- □呼吸をしているか（鼻の下に手を当てたり、胸の動きを見る）
- □仰向けで寝ているか
- □寝具のかけ方は大丈夫か（汗をかいていないか）
- □顔色はよいか
- □嘔吐していないか
- □周りに玩具は落ちていないか
- □その他（子どもたちの安全を確認）

⑩ 心肺蘇生

(1)心肺蘇生の必要性

救急車が要請を受けてから、現場に到着するまでの時間は全国平均で6、7分です。このわずか6、7分が傷病者の生命を大きく左右することになります。心臓停止の傷病者を約3分放置すると死亡率は50%となり、7分後にはさらに高率となります。突然心肺停止した人を救命するためには、早期の緊急搬送とあわせ、早期の心肺蘇生が必要です。

(2)心肺蘇生とは

呼びかけへの反応とふだんどおりの息がなく、呼吸と心臓が停止もしくはこれに近い状態に陥った時に、呼吸と心臓の機能を補助するために「人工呼吸」と「心臓マッサージのための胸骨圧迫」を行うことをいいます。

※心肺蘇生法については114ページを参照

⓫ 救急搬送

これまで見てきた病児保育中の看護において、救急搬送が必要な場合があることを述べてきました。救急搬送が必要だと判断した場合には、速やかに次の手続きに入ります。救急車が到着したら救急隊員の指示に従いましょう。病院へ付き添う時は子どもの衣服や靴を持っていきます。緊急時の通報に備えて、建物周囲の目印を確認しておくといいでしょう。

図9-5　救急搬送の手続き

1．119番通報をします
　救急搬送の準備をして、保護者へ連絡をしましょう
2．救急車を待つあいだも全身状態を観察しましょう
3．体を横向きにし、衣服をゆるめます

第10章 病児保育中のリスク

学習の目　標	病児保育中のリスクを知り、事故を未然に防ぐ方法を具体的に理解しましょう。

1 子どもの生活中のリスク

子どもが病気になりやすいのは生後６ヵ月～３歳までと言われています。新生児の体内には母親からもらった抗体がありますが、それが6ヵ月ごろから減少していきます。一方で、子どもの事故やケガは１、２歳児が突出して多くなっています（**図10-１**参照）。子ども10人のうち８人は３歳までのあいだに「落ちた」「転んだ」「やけどをした」「誤飲をした」など、医療機関を受診するような事故にあっているのです[7]。

図10-１ 乳幼児の年齢別年間事故率とケガ率

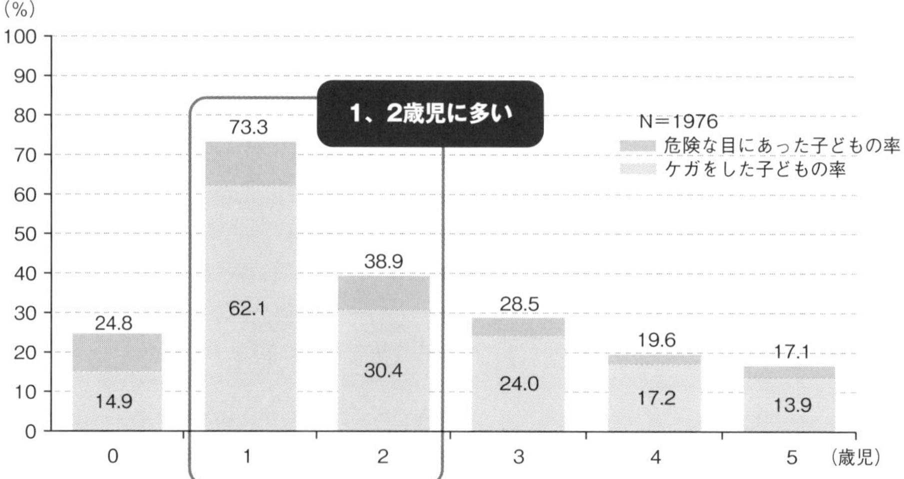

東京都生活文化局「幼児の事故防止マニュアル」より

7：日本赤ちゃん学会「子どもの事故予防へのアプローチ」（山中龍宏）

子どもの死亡原因は、０～４歳のあいだのどの年齢においても、不慮の事故による「窒息」が第１位となっています（**図10-２**参照）。

図10-２ 子どもの死亡原因

	０歳児	１～４歳児
１位	窒息	窒息
２位	転落・転倒	火災等
３位	溺死	溺死
４位	火災等	転落・転倒

『改訂必携・新病児保育マニュアル』（全国病児保育協議会）より

子どもの成長発達の特性と事故にはどのような関係があるのでしょうか。０～２歳児の乳児期・幼児前期の子どもの特徴から見てみましょう。

まず、この時期の子どもは頭が大きく重心が取りにくいため、バランスを崩して転倒・転落することが多くなります。

また、運動機能の発達が著しいことも予想外の事故を招きます。

たとえば、今朝はまだ立つことができなかったのに午後にはつかまり立ちができたという時には、子どもは体のバランスがうまく安定しておらず、非常に転びやすくなっています。好奇心は旺盛ですが、認知能力や言語能力が発達していない０～２歳の子どもは、自分で危険な状況を予想したり、それを避けたりすることができません。認知能力が未発達なために、高いところにも平気で上ってしまいます。

また、ドアに手をはさんで泣いていても、「手がドアにはさまって痛い！」と言葉で説明することができないため、発見が遅れることもあります。

子ども自身が危険を認識し回避することができないのですから、子どもが事故にあうリスクを減らすためには、大人の事故感知力と注意力が大切になってきます。たとえば、幼児の商品事故における原因では、大人の不注意によるものが68.8%にのぼっています（次ページ、**図10-３**）。

図10-3 幼児の商品事故についての原因

事項	割合（%）
大人の不注意	**68.8**
商品自体が問題	19.5
表示の説明不足	2.4

大人が注意すれば減らすことができる

「幼児の危害・危険情報アンケート（平成10年度）」（東京都生活文化局消費生活部生活環境課）より

保育者は子どもの発達特性を理解し、子どもの目線で保育環境（衣食住）を考えましょう。子どもがハイハイをしていたら保育者もハイハイの体勢をとってみます。すると、「ここが危ないな」という場所が分かるでしょう。危険な場所が予測できたら、具体的な事故防止対策を考えます。そしてその対策を実践してみてどうだったか、役に立ったかを評価します。

「子どもから目を離さない」というのは、子どもにすぐ手が届く範囲にいる、ということです。さらに、子どもの視界内にいることで子どもが何をしようとしているかを把握しやすく、リスクや危険も感知しやすくなるでしょう。

では、事故のリスクはどこにあるのでしょうか。具体的に見ていきましょう。

2 様々なリスクとその対応

病児保育施設では保育に適した環境が整えられているため、危険は少なくなります。一方で、自宅は生活空間なので危険な場所が多くあります。

(1)家の中の危険への対応

自由に動き回れる子どもにとって、家の中の危険ゾーンは数多くあります。段差や扉、コンセントなど、予想のつかない場所で事故が起きます。訪問型の場合、利用者宅に到着したら室内の危険箇所をチェックしましょう。

①リビングルーム

打撲や誤飲、やけどなどの事故が起きやすい場所です。子どもの目線になって、口に入る大きさのものや、やけどの原因になる電気ポットなどの熱源は手の届かない場所へ置きましょう。家電製品のコードを引っ張ってものを落としたりすることがよくあるので、コードは片づけます。コンセントの差し込み口には子どもを近づかせないようにします。

②水まわり（キッチン・浴室・トイレなど）

やけどや溺死などの事故が起きやすい場所です。

キッチンには冷蔵庫・水・包丁など、子どもの興味をそそるものがたくさんあります。鍋に手を伸ばしてひっくり返したり、ガスコンロを触ってやけどをしたり、包丁を触ってケガをしたりなどの事故が起きやすいため、柵などで進入禁止にしたり、収納扉をロックすることで子どもを近づかせないようにします。

浴室は滑って転倒したり、熱いお湯でやけどをしたりする危険があります。子どもを近づかせないようにします。

トイレは便器に頭を突っ込み、抜けなくなって溺れてしまうことがあります。使わない時はドアを閉めておきます。

浴室や洗濯機の中に水が残っていた場合、子どもが誤って入り込み、溺死する恐れがあります。浴室には立ち入らないようにし、洗濯機のふたは必ず閉めておきましょう。乳幼児は鼻と口を覆うだけ水があれば溺れる危険があります。洗面器やバケツにたまった水でさえ溺死のリスクになり得るのです。

③その他（ベランダ・階段・エレベーターなど）

広島県「わが家の安心安全ハンドブック」より

窓やベランダは身を乗り出して転落し、大事故になる危険があります。柵や格子が付いているかを必ず確認しましょう。踏み台になるものは絶対に置かないようにし、転落の危険のあるところには子どもを近づかせないようにします。

階段も転落の危険がある場所です。小さい子どもは抱っこして上り下りします。一人で上り下りできる子どもの場合でも、保育者は必ず子どもより下の段にいるようにして、子どもから目を離さずに上り下りしましょう。子どもの手をつないで階段を

くるしいよー
おみずに
うつってるよ
すきまに
てがはいるよ
ママのまねしよっと
かいだん
のぼりたい

歩くことも危険です。大人が転ぶと子どもも一緒に転んでしまいますのでやめましょう。

エレベーターでは、扉で手や体をはさむ事故が起きています。自動扉を開閉する時は子どもが手を突っ込んだりしないように、扉から離れさせましょう。

⑵誤飲・窒息のリスクと対応

家庭内での事故で最も多いのが、誤飲や窒息です。

①誤飲

有害なものを飲んでしまうのが誤飲です。ほとんどの乳幼児は誤飲を経験すると言っても大げさではありません。リモコンをいじって中の電池を飲み込む、薬をお菓子と間違えて食べる、床に落ちていたボタンを飲むなど、大人が思いもよらないものを子どもは口にしてしまいます。中でも危険が高いのはタバコです。灰皿の水に溶け出したニコチン成分によって中毒を起こすことがあります。保育者が施設や利用者宅にタバコを持ち込まないことはもちろん、利用者宅にタバコがあれば、子どもの手の届かないところに移動します。

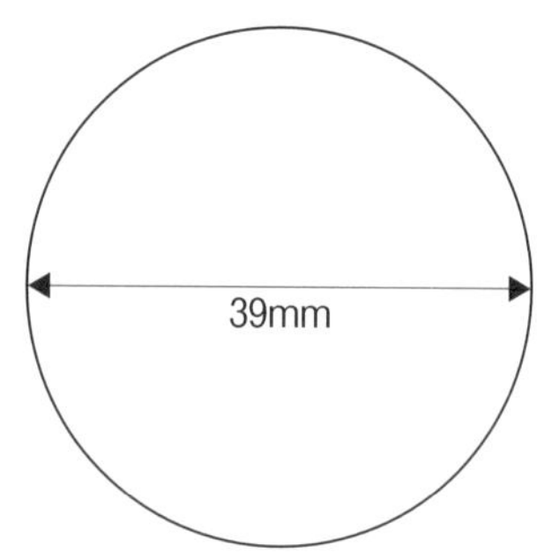

これより小さいものは
誤飲の恐れがある

誤飲事故は生後５ヵ月ごろから多くなります。子どもの口に入るサイズより小さなものは子どもの手の届かないところへ移動する必要があります。洗剤、医薬品、ボタンや電池、硬貨、ビー玉、タバコなどには特に注意します。

右上の円は３歳児の最大口径である39mmを表しています。これより小さなものは誤飲の恐れがある、ということです。

②窒息

食べものや誤飲したものがのどに詰まると窒息の恐れがあります。気道が完全にふさがれてしまうと５～６分で生命が危険にさらされます。食べものの場合は、乾いたピーナッツや豆類・プチトマト・もち・こんにゃくゼリーなどが詰まりやすく、与える時には注意が必要です。乳児はクッションやふとんで鼻・口を覆われて、窒息することもあります。顔が沈み込む寝具は使用しないこと、寝ている時はふとんで顔を覆わないように注意します。

「ごいん」と「ごえん」

誤飲（ごいん）と誤嚥（ごえん）。聞いたことはあるけれど、どう違うのかを言葉で説明するのは案外難しいかもしれません。

誤飲は、「口に入れてはいけない異物や薬品等を誤って飲み込み、胃に入り込んでしまうこと」です。一方、誤嚥は「口に入れたものまたは胃からの逆流物が、気管に入ってしまうこと」です。

誤飲は「有害物質による中毒」の原因に、誤嚥は「窒息」の原因になります。

誤嚥をして、見た目には窒息していない場合でも、豆類やピーナッツなどを吸い込んだ場合には、気管支で水分を吸収すると膨らんで気管支をふさいだり、油分で肺炎を引き起こすこともあるので、受診が必要になります。いずれの場合も、「何を」「どのくらい」飲み込んでしまったのか、という観察が重要です。

(3)転落のリスクと対応

転落事故は新生児の時から起こります。大人がむずかる赤ちゃんをしっかり抱っこできずに落としてしまう、というケースがあるためです。月齢が進むとハイチェアからの転落が多くなり、１歳前後では、階段や歩行器、ベビーカーなどからの転落も増えてきます。階段やベランダなど、高い所からの転落を防ぐのは保育者の責任です。乳児はしっかり抱っこし、幼児からは目を離さないようにします。

⑷転倒のリスクと対応

乳幼児はバランス感覚が十分に発達しておらず、頭が重く視野が狭いために転びやすい傾向があります。つまずく、すべる、転ぶといった事故が起きやすいのは、敷居・キッチン・フローリングの床・部分式カーペットがある場所、つまり「段差があるところ」と「滑りやすいところ」です。

⑸投薬時のリスクと対応

①誤薬

薬を飲む時間や量の誤り、飲ませ忘れなどの誤薬は非常に起きやすいミスです。保育者は保育記録やお薬手帳に沿って薬を準備します。袋や容器から移す時は目で見て、子どもの名前、時間、薬の名前を声に出すことで、しっかりと確認することができます。一人で保育に当たっていても、「○○ちゃん、○時○分、○○の薬を飲ませます」と声に出す習慣をつけましょう。

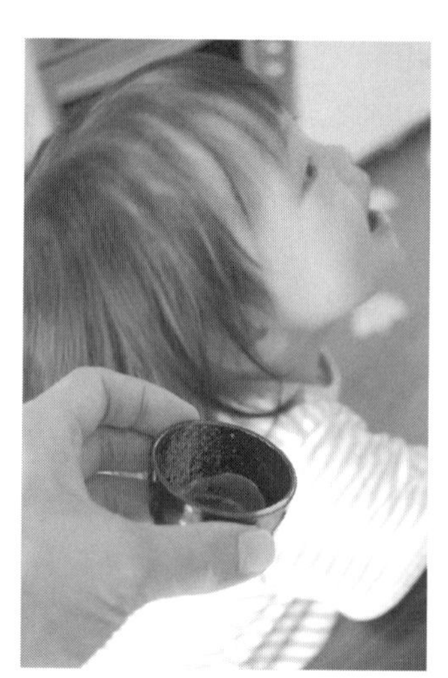

②薬を吐く

子どもが嫌がったり、泣いて薬を飲まなかったりする時があります。そんな時は、子どもが落ち着くのを待ちます。また、飲ませ方も工夫してみましょう（詳しくは**第９章**で解説）。薬を飲んだあとに、吐き出してしまった時はどうしたらよいでしょうか。保育中は原則として薬の追加はしません。吐き出した場合、どれだけ吐き出したかを記録しておきます。

また、服用後、子どもの様子がおかしいと感じた場合はすぐにかかりつけ医に連絡して指示を受けます。その後、保護者に報告をします。

⑹食事時のリスクと対応

①食物アレルギーへの対応

食物アレルギーがある子どもの場合、開始の引き継ぎ時に子どもの基本情報を確認します。原則として保護者の用意したもの以外は口にさせません（詳しくは**第８章**、**第９章**で解説）。食後、子どもの様子がおかしいと感じたら、食べたもの、時間、症状を報告します。

②窒息の危険

食べることを嫌がる場合、泣きながら食べると誤って食べものが気管に入ってしまい、窒息の危険があります。泣いていれば落ち着くのを待ってから食べさせましょう。それでも食べるのを嫌がるのであれば、無理に食べさせる必要はありません。ただし、水分補給は脱水をおこさないためにも必要です（詳しくは**第９章**で解説）。

第11章 病児保育におけるリスクマネジメント

学習の目標	病児保育中におけるリスクマネジメントの意義を理解し、よりよい病児保育につなげる報告の方法を知りましょう。

1 リスクマネジメントとは

第10章では、子どもを取り巻く多くのリスクを知りました。万一事故が発生した場合には、適切な対応を行い、早期の収束を目指さねばなりません。こうした事故後の対応を含めた一連の活動を**リスクマネジメント**と呼びます。

まず保育者はリスクを理解し、事故を未然に防ぐ行動を起こすことが大切です。そして、その行動の結果、どのようなリスクを回避できたかあるいはできなかったかを評価し、その日の保育を振り返ることが求められます。

病児保育におけるリスクマネジメントの目的

1. 子どもや保護者および保育者の安全を確保する
2. 保育の質を保障する
3. 事故防止の活動を通し、組織の損失を最小限に抑える

(1)リスクマネジメントの前提

リスクマネジメントの考えが浸透している組織では、「人間はミスをするもの」ということを前提に活動をします。「ミスをしてはいけない」という気持ちのままでいると、本当にミスをした時の対策について考えなくなってしまいます。

ミスを重大な事故に結び付けない対策を立てるためには、「人間はミスをするもの」という心構えでいることが重要なのです。

図11-1 リスクマネジメントの前提は「人間はミスをするもの」

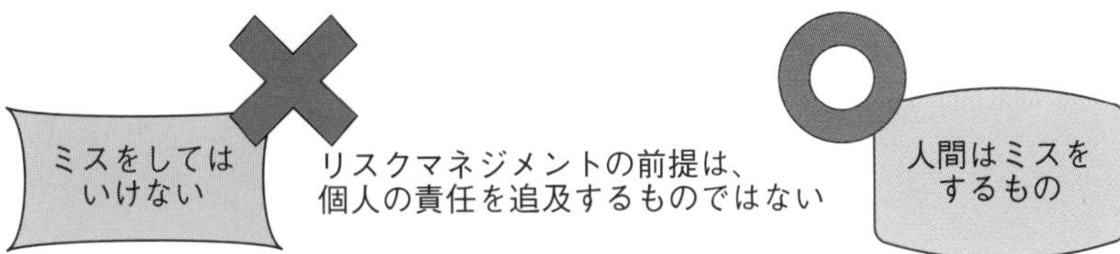
ミスをしては
いけない
リスクマネジメントの前提は、
個人の責任を追及するものではない
人間はミスを
するもの

ミスを減らす対策、
ミスをしても事故に結び付かないための
対策を検討、実施することが大切！

『改訂必携・新病児保育マニュアル』（全国病児保育協議会）より

(2)リスクマネジメントのプロセス

リスクマネジメントはどのような手順で行うのでしょうか。まずリスクを把握することからはじまります。次に評価・分析を行い、改善・対処を行います。その結果を再評価し、次の保育でのリスク把握に役立てます。

具体例で考えてみましょう。

利用者宅のリビングにイスがありました。

- 保育者はまずこのイスがリスクになりそうだと気がつきます（**リスク把握**）。
- 子どもがテーブルの上のものをとろうと、イスに上って、転倒する恐れがあるためです（**評価・分析**）。
- そこで、子どもがイスに上れないようにイスの向きを変えました（**改善・対処**）。すると、子どもはイスに上りませんでした。
- イスの向きを変えたことで、子どもがイスから転落する事故を防ぐことができたのです（**再評価**）。
- この経験をした保育者は、別の訪問宅でもイスを見かけたら、このような考え方ができるはずです（**再度のリスク把握**）。

このようにリスクマネジメントのプロセスはひとつの循環サイクルとしてとらえることができるのです（次ページ、**図11-２**）。

図11-2 リスクマネジメントのプロセス

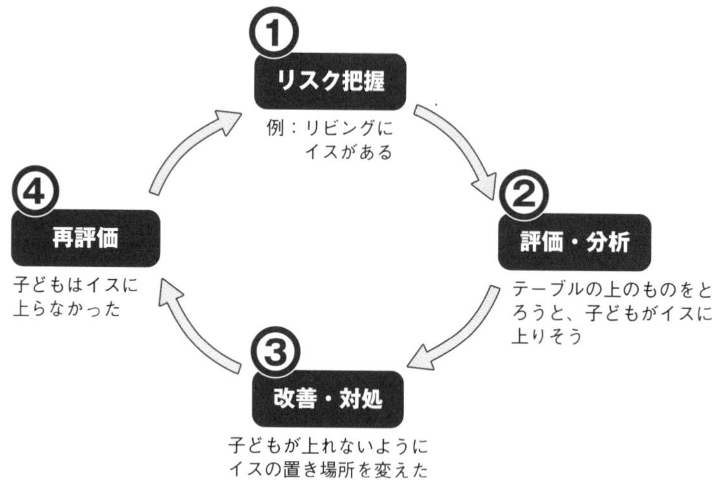
①
リスク把握
例：リビングに
イスがある
②
評価・分析
テーブルの上のものをとろうと、子どもがイスに上りそう
③
改善・対処
子どもが上れないように
イスの置き場所を変えた
④
再評価
子どもはイスに
上らなかった

『改訂必携・新病児保育マニュアル』（全国病児保育協議会）より

次に、組織全体でリスクマネジメントのプロセスをどう機能させていくかを詳しく見ていきましょう。

2 リスクマネジメントの実際

(1)リスクの把握

事故へと発展する恐れのあるリスクを把握しましょう。何がリスクになるのかは「ヒヤリハット報告」を読むことで分かります（ヒヤリハットについては**第２章**で解説）。ヒヤリハットを保育者の処罰や評価の材料にすべきではありません。「人間はミスをするもの」という前提を思い出しましょう。

ヒヤリハットの報告を受けたら、上長や管理者はそれらの報告を病児保育の安全と質の向上、保育者の資質向上につながる財産と考えて共有しましょう。

ヒヤリハットの「３ない法則」

1．（本人は）かくさ「ない」
2．（上長は）おこら「ない」
3．（みんなは）ほうっておか「ない」

⑵リスクの評価・分析

リスクに気づいたら、事故が起きた場合の危険の大きさ（重大性）や、事故が起きる頻度や確率、そのリスクが発生した背景や要因、事故によってさらなるリスクは起きないか、などを探ります。ここでもヒヤリハット報告が役立ちます。

⑶リスクの改善・対処

現場の保育者が中心となり、リスクに気づいた時にどのように行動するかを検討し、実施するように決めます。事業体はそこで行うすべての保育において「事故の予防対策」としてルール化し、徹底します。

⑷リスクの再評価

改善策を実践し、それが有効だったかどうかを判断します。まずは、改善策そのものが保育現場で確実に行われているか、円滑で安全に機能しているかをチェックします。次に、改善策を講じたことにより、事故の発生が軽減・防止されているかを判断します。

再評価は、改善前と後でのヒヤリハット報告の比較、保護者からの評価、保育者の評価なども含めて多角的に検証していきます。

もし改善策が有効でない場合は、リスクの「把握」「評価・分析」「改善・対処」のいずれかでエラーが起きていると考えます。再びリスクマネジメントのプロセスを循環させ、新たな改善策を検討します。

ケース

保護者から「昼食後に飲ませてください」と薬を預かりました。

昼食時に、保育者が「お薬手帳」を確認したところ、手帳には「１日２回、朝・夕に服用」と記載されていました。

朝の引き継ぎでは、朝の分の薬は投薬済みと聞いていたため、保護者に確認の連絡を入れたところ、保護者は１日２回の薬を「１日３回」と勘違いしていたことが分かりました。

このケースを、ヒヤリハット報告シートを使って報告し、「リスク把握」「評価・分析」「改善・対処」を考えてみましょう。

3 ヒヤリハット報告の方法

客観的な事実報告

リスクマネジメントの土台になるのは、保育者のヒヤリハット報告シート（**図11-3**参照）です。

「いつ（When）、どこで（Where）、だれが（Who）、何を（What）、なぜ（Why）、どのように（How）」という「５Ｗ１Ｈ」に沿って報告を行います。その場での保育者の対応や、今後どうすればよいかなどの改善策のアイデアも書き加えます。

実際に事故が起きた場合は、ヒヤリハットとは区別して、事故レポート（次ページ、**図11-４**参照）として別紙に報告します。

4 病児保育士の専門性

⑴保育者の倫理としての行動

施設型でも訪問型でも、保育の様子を管理者がすべて目で確かめて把握することはできません。施設型においては、ヒヤリハットの報告を周囲の保育者には共有したのに管理者には隠しておく、訪問型では「自分以外には知らないから」と事実そのものを隠してしまう、などのことが起きがちです。現場への「慣れ」がヒヤリハットを見逃しているケースもあるでしょう。

しかし、ハインリッヒの法則（**第２章**で解説）に照らせば、それらの行動によって、重大な事故がさらに起きやすくなってしまいます。ヒヤリハット・事故は事業者全体で共有し、経験に基づく知恵を蓄積した後に、現場へ反映させていく必要があります。

事故は「運が悪かった」「たまたま」で起きるのではありません。未然に防げることを意識して、保育者同士がオープンな姿勢で臨むことが大切です。ヒヤリハット報告は保育者の倫理にも関わる、重要な保育技術の一部だと考えましょう。

⑵病児保育全体の向上

短期の利用が多い病児保育では、それぞれの保育活動が個別のままに置かれ、知見

図11-3 「ヒヤリハット報告シート」の例

<table>
<tr><td>保育者名</td><td colspan="5"></td></tr>
<tr><td>保育日</td><td colspan="2">年　月　日</td><td>時間</td><td colspan="2">：　～　：</td></tr>
<tr><td>保育場所</td><td colspan="5">施設・訪問</td></tr>
<tr><td>お子さま名</td><td></td><td>年齢</td><td>歳　カ月</td><td>性別</td><td>男・女</td></tr>
<tr><td colspan="3">【ヒヤリハット】 ①どこで（場所）</td><td colspan="3">②何をした？（状況）</td></tr>
<tr><td colspan="3"></td><td colspan="3"></td></tr>
<tr><td colspan="3">③なぜ？（原因）</td><td colspan="3">④その後どうしましたか？（対応）</td></tr>
<tr><td colspan="3"></td><td colspan="3"></td></tr>
<tr><td colspan="6">⑤今後どうすればよいと思いますか？（改善策）</td></tr>
<tr><td colspan="6"></td></tr>
</table>

図11-4 「事故レポート」の例

客観的事実	いつ	年　　月　　日（　　曜日）
	誰が	
	どこで	
	何のために	
	何をした	
主観的分析	なぜ？	
	その結果	
	振り返り（結論・改善策）	
	上長コメント	

を統合することが難しくなりがちです。ここでは、保育を客観的に見直し、経験を事業者や業界全体で積み重ね、共有することが欠かせません。これが、現状をあるべき病児保育のかたちに近づけ、保育者のレベルを向上させることにつなげていきます。

保護者が仕事と育児の両立を実感できる社会を作るために、また子どもがどんな状態の時も安心して育つことができるように、病児保育を担う人はその専門性を磨くことが求められます。そして、それは運営者と保育者一人一人が「保育の質の管理・向上」に根差した、リスクマネジメントの意識を持つことからはじまるのです。

病児保育におけるリスクマネジメント意識が保育者や設置管理者、運営者に浸透し、保育の質が向上することで、保護者の側にも病児保育を利用することが今以上に一般的になるでしょう。病児保育も保育の一部であることを考えれば、こうした状況を早期に実現しなければなりません。

安心安全の土台の上に、保育者が遊びやコミュニケーションの確かな技術を持ち、子どもがその１日を充実していたと感じられる保育の実現を目指しましょう。病気で集中力と体力が落ちている子どもが１日を楽しく過ごせるかどうかは、ひとえに病児保育を行う保育者の意識と技術にかかっています。

COLUMN

子どもの権利条約、子どもアドボカシーと病児保育

みなさん、子どもの権利条約（「児童の権利に関する条約」ともいう。）をご存じでしょうか。世界中すべての子ども達がもつ権利を定めたとても大切な条約です。

20世紀後半、子どもの権利について、きちんと守るルール作りをしようという機運が高まり、1989年国連で決められ、日本も1994年に国内のルールとすることに受け入れました（批准）。

1～40条に、守られるべき子どもの権利の内容が書かれています。次の4つの柱に大きく分けられます。主な条文をご紹介します。

全文は、日本ユニセフ協会のホームページ[1]で読むことができます。

1、生きる権利（命が守られる）

6条：すべての子どもは、生きる権利・育つ権利をもっています。

24条：健康でいられ、必要な医療や保健サービスを受ける権利をもっています。

26条：生活に困ったときには、国からお金の支給などを受ける権利をもっています。

27条：心やからだがすこやかに成長できるような生活を送る権利をもっています。

39条：虐待、戦争などの被害にあった子どもは、心やからだの傷をなおし、社会にもどれるように支援を受けることができます。

2、育つ権利（もって生まれた能力を十分に伸ばしながら成長できる）

17条：子どもは、自分の成長に役立つ多くの情報を手に入れる権利をもっています。

28条：子どもは教育を受ける権利をもっています。上の学校に進みたいときには、みんなにそのチャンスが与えられなければなりません。学校のきまりは、子どもの尊厳が守られるという考え方からはずれるものであってはなりません。

29条：教育は、もっている能力を最大限のばし、人権や平和、環境を守ることなどを学ぶためのものです。

31条：休んだり、遊んだり、文化芸術活動に参加したりする権利をもっています 。

1：https://www.unicef.or.jp/kodomo/kenri/syouyaku.html

3、守られる権利（あらゆる暴力から守られる）

2条：子どもは、国のちがいや、性のちがい、心やからだに障がいがあるかないか、お金持ちであるかないかなどによって差別されません。

19条：どんなかたちであれ、子どもが暴力をふるわれたり、不当な扱いなどを受けたりすることがないように、国は子どもを守らなければなりません。

32条：子どもは、むりやり働かされたり、心やからだによくない仕事をさせられたりしないように守られる権利をもっています。

33条：国は、子どもが麻薬や覚せい剤などの事件にまきこまれないように守らなければなりません。

35条：国は、子どもが誘拐されたり、売り買いされたりすることのないように守らなければなりません。

36条：国は、どんなかたちでも、子どもの幸せをうばって利益を得るようなことから子どもを守らなければなりません。

4、参加する権利（自由に意見を言え、参加できる、子どもアドボカシー）

12条：子どもは、自分に関係のあることについて自由に自分の意見を表す権利をもっています。その意見は、子どもの発達に応じて、じゅうぶん考慮されなければなりません。

13条：いろいろな情報や考えを伝える権利、知る権利をもっています。

14条：思想・良心・宗教の自由についての権利をもっています。

15条：ほかの人びとと一緒に団体をつくったり、集会を行ったりする権利をもっています。

等

条約批准から約30年、2023年『こども基本法』が日本でも施行され、条約の精神が同法の法文に活かされています。

子どもを権利保護の主体と位置づけ、その気持ちや意見を聴きながら、子どもの最善の利益を図っていくこと（子どもアドボカシー）、病児保育という場も、条約及び同法の精神を活かす大切な場だと思います。

巻末資料
心肺蘇生法

呼吸と心臓の機能を補助するために行います。呼びかけへの反応・ふだん通りの呼吸がなく、呼吸と心臓が停止もしくはこれに近い状態に陥った時に実施します。感染予防のため、あれば手袋をはめましょう。

①反応の確認

□肩をたたきながら耳元で声をかけます。

「○○ちゃん！」

②119番に通報

□反応がなかったら、大声で助けを求め、119番通報とAED搬送を依頼します。

※AEDとは「自動体外式除細動器」の略で公共施設・大型施設などに設置されています。

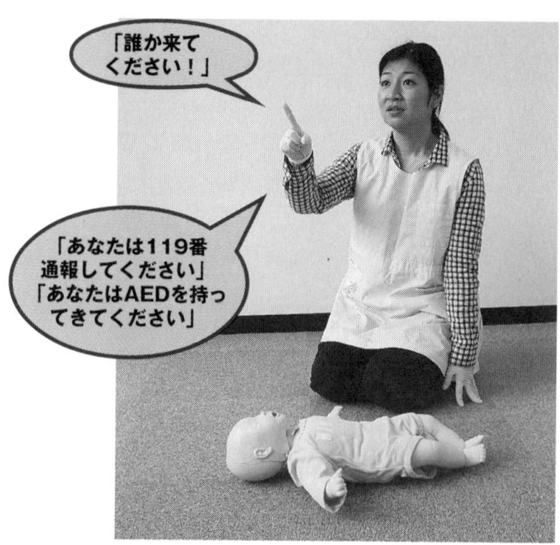
「誰か来て
ください！」
「あなたは119番
通報してください」
「あなたはAEDを持っ
てきてください」

③呼吸の確認

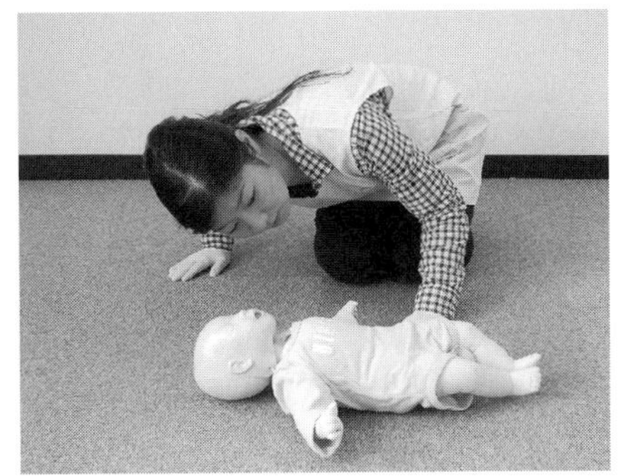

□胸と腹部の動きを見て、「ふだんどおりの呼吸」をしているか、10秒以内で確認します。

●ふだんどおりの呼吸がある場合…
乳児は気道確保をして、幼児は回復体位(※)で救急隊員の到着を待ちます。
●ふだんどおりの呼吸がない場合…
すぐに心肺蘇生法を行う。

※回復体位とは…

反応はないが正常な呼吸(ふだんどおりの息)をしている場合は、気道の確保を続けて救急隊の到着を待ちます。吐物等による窒息の危険があるか、やむを得ず傷病者のそばを離れる時には、傷病者を回復体位にします。

・下あごを前に出し、上側の手の甲に傷病者の顔をのせる。
・さらに、上側の膝を約90度曲げて、傷病者が後ろに倒れないようにします。

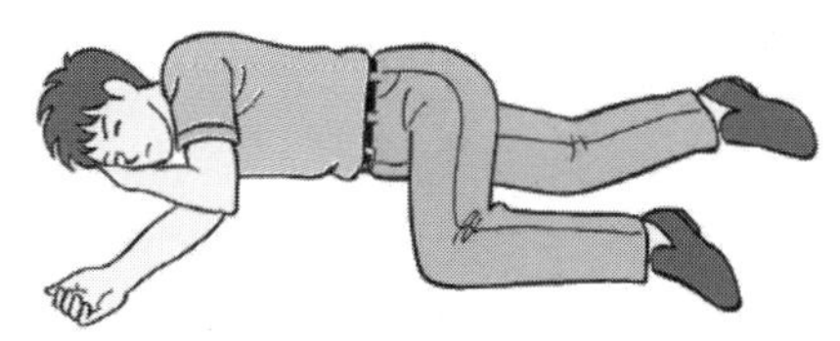

引用:消防庁
http://www.fdma.go.jp/html/life/pdf/oukyu2.pdf

④心臓マッサージ（胸骨圧迫）

□乳児の場合には、指２本で胸の真ん中を30回圧迫します。
幼児の場合には、胸の真ん中を片手もしくは両手で30回圧迫します。

□少なくとも100回/分のテンポで、胸の厚みの３分の１くらいの深さを目安にします。

●乳児の場合

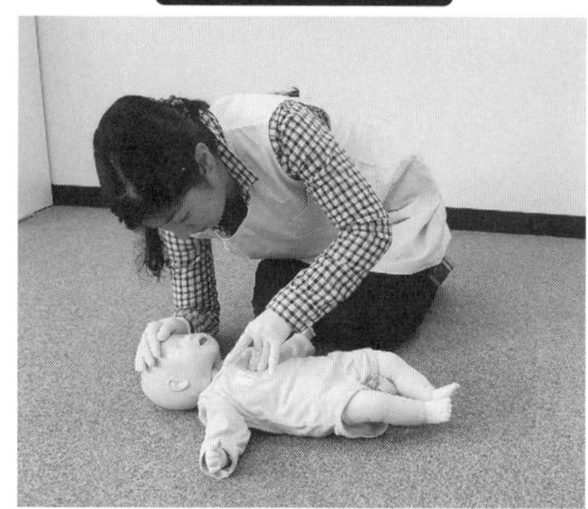

●幼児の場合

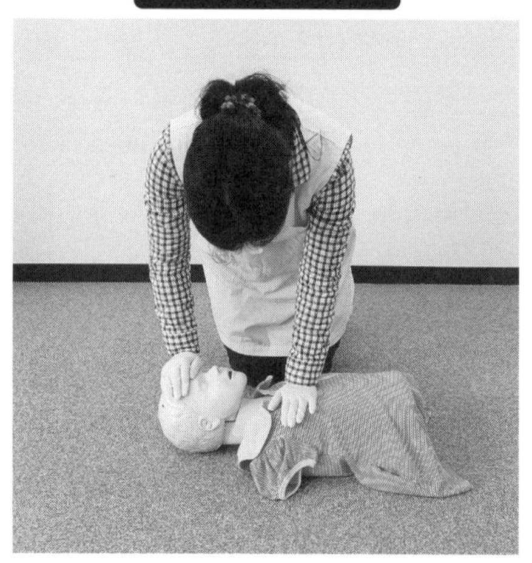

⑤気道の確保

□額が真上を向くように片手で押さえながら、あごを鼻より高くするように指先で持ち上げます。

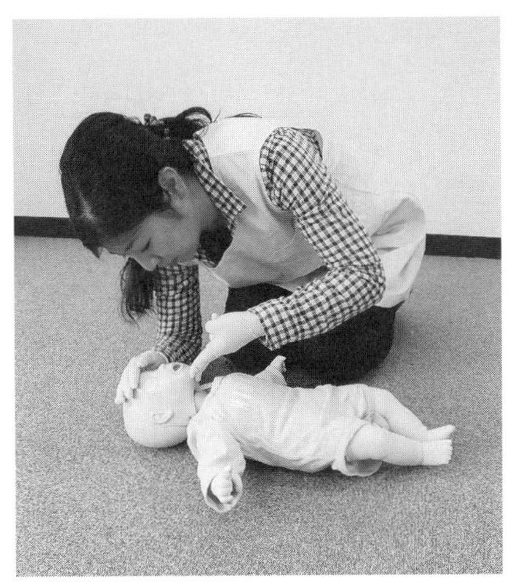

⑥人工呼吸（2回）

□胸骨圧迫の後、気道を確保したら人工呼吸を2回行います。

□救助者が乳児の鼻と口を同時に覆って息を吹き込みます。幼児の場合は、子どもの鼻をつまんで口を大きく覆って息を吹き込みます。

□約1秒かけて、胸の上がりが見える程度の量を吹き込みます。

心臓マッサージ（30回）＋人工呼吸（2回）を繰り返し行います。

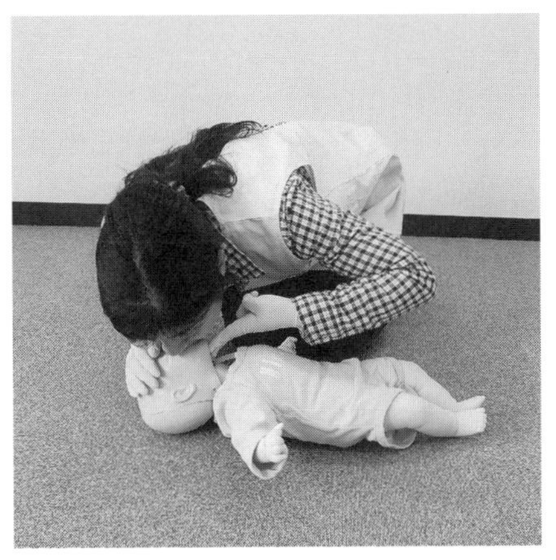

異物除去

食べものや誤飲したものが気道に詰まり、窒息状態になった場合に詰まった異物を除去するために行います。

●乳児の場合

①背部叩打法

□乳児のあごをしっかりと支え、救助者の腕の上にうつ伏せにのせて、頭を体よりも低く保つ。

□手のひらの付け根で、肩甲骨のあいだを５回強くたたく。

【体が大きい乳児の場合】

乳児のあごをしっかりと支え、大腿部に体をのせて頭を体よりも低く保つ。

□手のひらの付け根で、肩甲骨のあいだを５回強くたたく。

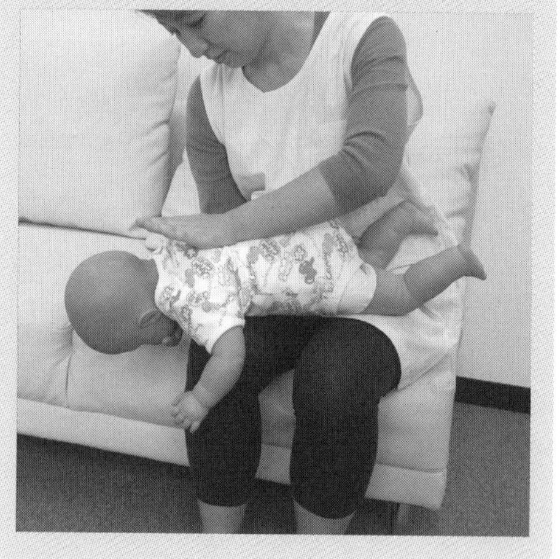

②胸部圧迫法

□乳児を仰向けにし、後頭部と首をしっかり支える。

□頭を体よりも低く下げ、指２本で胸の真ん中を５回強く圧迫する。

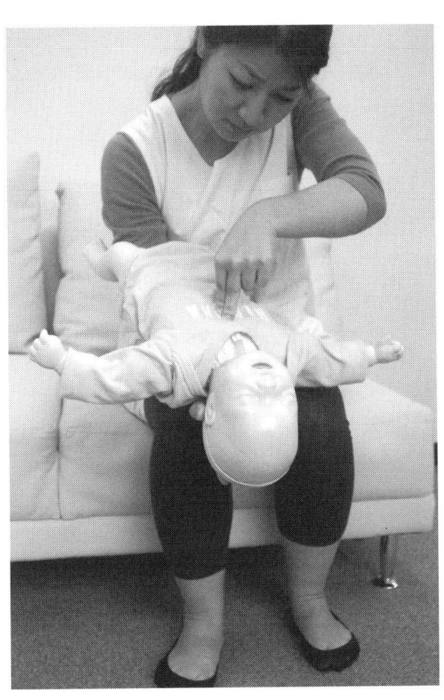

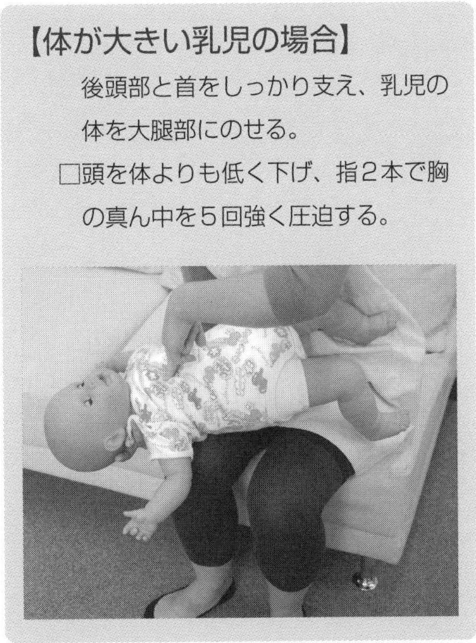

【体が大きい乳児の場合】

後頭部と首をしっかり支え、乳児の体を大腿部にのせる。

□頭を体よりも低く下げ、指2本で胸の真ん中を５回強く圧迫する。

●どちらか片方の方法を試しても異物が除去できない場合には、もう一方の方法を試してみる。

●異物が除去できるまで２つの方法を交互に繰り返し行う。

背部叩打法

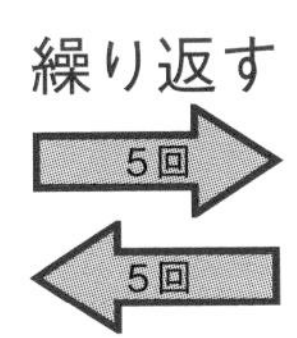

胸部圧迫法

●幼児の場合

①背部叩打法

□子どもを抱きかかえて、頭を低くする。

□肩甲骨のあいだを、手のひらの付け根で５回たたく。

②腹部突き上げ法

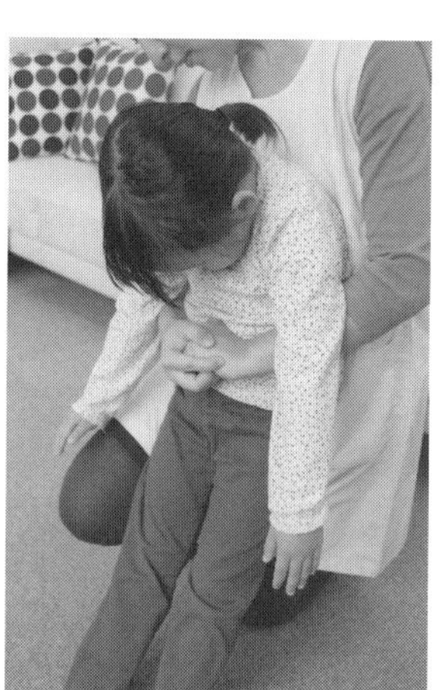

□子どもが驚かないように声をかけておく。

□子どもの後ろに回り、へその位置を確認する。

□片手で握りこぶしを作り、子どものへその上あたりに当てる。

□もう一方の手でこぶしを握り、すばやく手前上方に向かって圧迫するように突き上げる。

※異物が除去できたとしても、必ず救急搬送し、救急車が来たらこの方法を行ったことを伝える。

※この方法は１歳未満の乳児には行わない。

●どちらか片方の方法を試しても異物が除去できない場合には、もう一方の方法を試してみる。

●異物が除去できるまで２つの方法を交互に繰り返し行う。

背部叩打法

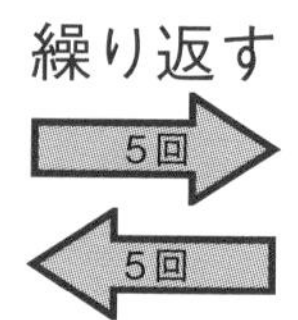

腹部突き上げ法

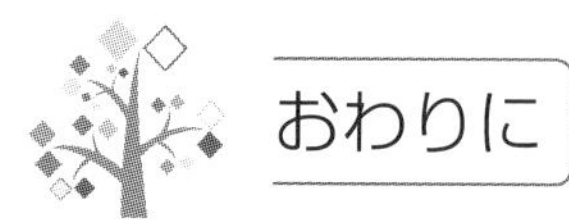

おわりに

皆さん、お疲れさまでした。

ここまで学んできていかがでしたでしょうか。

病児保育が素晴らしい仕事であると同時に、多くの気をつけなければならない点があることを知って頂いたかと思います。

「病気の子どもを預かるなんてできるだろうか」「こんなに覚えることがあるなんて」と少し不安になってしまった方もいるかもしれません。

でも、心配しないでください。

きちんとした訪問型病児保育事業者や病児保育施設で働くことで、多くのサポートが得られることでしょう。経験と学びを蓄積することで、立派な病児保育のプロになれるはずです。

公式テキストである本書と共に制作された「認定病児保育スペシャリスト」資格Web講座では、本書の内容に加え、病児保育の現場で必要となる様々な知識や技術を動画で解説しています。本書と合わせて学んで頂くことで、現場に立ち、活躍するご自身の姿をより鮮明に描けるでしょう。

「認定病児保育スペシャリスト」の資格が、病児保育のプロへの道を歩む皆さんの道しるべとなることを、心から祈っています。

病児保育が当たり前に存在し、育児と仕事の両立が当たり前にできる社会、そして、子どもたちが病気の時でも笑っている社会を一緒に創っていきましょう。

一般財団法人日本病児保育協会　理事長　小坂和輝

著者

一般財団法人 日本病児保育協会

一般財団法人 日本病児保育協会は、「認定病児保育スペシャリスト」の認定機関です。病児保育のプロフェッショナル集団として、幅広い知見や経験を活かし、現場で働かれている方々を中心に、そのノウハウや技能向上に向けた活動を展開しております。

https://sickchild-care.tokyo/

監修者

小坂和輝（こさか・かずき）

1994年広島大学医学部卒。桐蔭法科大学院卒。聖路加国際病院、東京女子医科大学を経て、2001年中央区月島で小坂こども元気クリニックを開業、区内初の病児保育室を併設。区と病児保育事業のモデルを作る。再開発に伴い佃へ移転。小児科専門医、医学博士、法務博士。中央区議会議員。
「いつでも（24時間・365日）・どこでも（学校・地域の子ども達と関わられる皆様・NPOと連携して）・あらゆる手段を用いて（医学・心理分野にとどまることなく、法律・行政分野などの多角的視点を持って）」子どもの健やかな成長を守る小児科でありたいと願い活動をする。

池田奈緒子（いけだ・なおこ）

病後児保育室　エンゼル多摩　施設長
1982年　慶應義塾大学経済学部卒
1996年　乳幼児健康支援デイサービス　エンゼル多摩　開設
1997年　認可保育園　ハグミー・ナーサリー　開園　理事長
2006年　医療法人社団アイエフ（池田小児科医院）　理事
2012年　一般財団法人　日本病児保育協会　理事
社会保険労務士

● 英治出版からのお知らせ
本書に関するご意見・ご感想をE-mail（editor@eijipress.co.jp）で受け付けています。
また、英治出版ではメールマガジン、Webメディア、SNSで新刊情報や書籍に関する記事、イベント情報などを配信しております。ぜひ一度、アクセスしてみてください。

メールマガジン：会員登録はホームページにて
Webメディア「英治出版オンライン」：eijionline.com
X / Facebook / Instagram：eijipress

写真提供／Drみやけの「家庭の医学」、赤堀 雛

認定病児保育スペシャリスト試験 公式テキスト
［改訂新版］

発行日　2024年2月20日　第1版　第1刷

著　者　一般財団法人日本病児保育協会
監修者　小坂和輝（こさか・かずき）、池田奈緒子（いけだ・なおこ）
発行人　原田英治
発　行　英治出版株式会社
〒150-0022 東京都渋谷区恵比寿南1-9-12 ピトレスクビル4F
電話：03-5773-0193　FAX：03-5773-0194
www.eijipress.co.jp
スタッフ　高野達成　藤竹賢一郎　山下智也　鈴木美穂　下田理　田中三枝　平野貴裕　上村悠也　桑江リリー　石﨑優木　渡邉吏佐子　中西さおり　関紀子　齋藤さくら　荒金真美　廣畑達也　木本桜子
印刷・製本　シナノ書籍印刷株式会社
装　丁　英治出版デザイン室
編集協力　長尾康子
イラスト　塚本和子

ISBN978-4-86276-344-0　C3037　Printed in Japan